Staats- und socialwissenschaftliche Forschungen

herausgegeben

von

Gustav Schmoller.

Zwanzigster Band. Drittes Heft.

(Der ganzen Reihe neunzigstes Heft.)

Dr. K. Böhme: Gutsherrlich-bäuerliche Verhältnisse in Ostpreußen während der Reformzeit von 1770 bis 1830.

Leipzig,

Verlag von Duncker & Humblot.

1902.

Gutsherrlich-bäuerliche Verhältnisse in Ostpreufsen

während der Reformzeit von 1770 bis 1830.

Gefertigt nach den Akten der Gutsarchive
zu Angerapp und Gr.-Steinort

von

Dr. Karl Böhme.

Leipzig,
Verlag von Duncker & Humblot.
1902.

Inhaltsverzeichnis.

Drittes Kapitel.

Viertes Kapitel.

Fünftes Kapitel.

Die im 18. und zu Anfang des 19. Jahrhunderts in Ostpreufsen üblichen und in der Arbeit erwähnten Mafse, Gewichte und Münzsorten.

I. Flächenmafse: Die kullmische Hufe = 17 ha. Sie umfafst 30 kullmische Morgen, der Morgen 300 Quadratruten.

II. Hohlmafse: Der altpreufsische Scheffel = 54,462 Liter hat 16 Metz. 1 Ohm = 137,404 Liter, hat 110 Stof, 1 Stof ist etwas gröfser als 1¼ Liter.

III. Gewichte: 1 Centner hat 110 Pfund, 1 Stein 22 Pfund.

IV. Münzsorten: Der Thaler hat 90 Groschen, der Groschen 18 Pfennige, jedoch ist der Pfennig nur Rechnungsmünze. Der Gulden hat 30 Groschen, die Mark 20 Groschen. Seit 1822 hat der Thaler 30 Silbergroschen, der Silbergroschen 12 Pfennige.

Einleitung.

Angeregt durch die Forschungen Knapps und seiner Schüler und durch seinen verehrten Lehrer, Herrn Professor Dr. Lamprecht in Leipzig, auf die im volkswirtschaftlichen Seminar zu Halle unter Conrads Leitung entstandenen Specialschilderungen der Entwicklung einzelner Güterkomplexe [1] aufmerksam gemacht, hatte der Verfasser eine nach der einen oder der anderen Richtung ähnliche Arbeit für seine Heimatprovinz Ostpreufsen beabsichtigt.

Ein glücklicher Umstand gab ihm bald Gelegenheit, seinen Entschlufs zu verwirklichen. In dem Herrn von Farenheid-Beynuhnen gehörigen Angerapper Gutsarchiv (Kreis Darkehmen) fand sich ein reichhaltiges Aktenmaterial, das zwar zu unvollständig war, um eine auch in technischer Beziehung tiefer dringende Schilderung der landwirtschaftlichen Verhältnisse zu gestatten, das aber die allgemeineren Züge der bäuerlichen und gutsherrlichen Wirtschaft erkennen und von dieser Grundlage aus ein schärferes Bild der socialen und rechtlichen Stellung aller Klassen der ländlichen Bevölkerung gewinnen liefs. Das im Archiv vorhandene Material bezog sich auf die Güter und Dörfer, welche während der Jahre 1770—1830 im Besitz des Kriegs- und Domänenrats Johann Friedrich Wilhelm von Farenheid [2] gewesen waren. Einer Königsberger Patricier-

[1] Es sind dies die Arbeiten von 1. Graf Goertz-Wrisberg „Die Entwicklung der Landwirtschaft auf den Goertz-Wrisbergschen Gütern in der Provinz Hannover auf Grund archivalischen Materials", Jena 1880. 2. J. Heisig, „Historische Entwicklung der landwirtschaftlichen Verhältnisse auf den reichsgräflich-freistandesherrlich Schaffgotschischen Güterkomplexen in Preufsisch-Schlesien", Jena 1884; 3. A. Backhaus, „Entwicklung der Landwirtschaft anf den Gräflich-Stolberg-Wernigerodischen Domänen", Jena 1888.

[2] Über die persönlichen Verhältnisse v. F. wie seines Sohnes Friedrich Heinrich v. F. vergleiche Georg Krueger, „Beiträge zur Geschichte der Familie Farenheid", Königsberg 1900, ferner die kleine Schrift „Friedrich Heinrich Johann v. Farenheid, eine biographische Skizze", schliefslich Adolf Rogge, „Geschichte der Diöcese Darkemen", Darkemen, Seite 165—187. — Beide haben sich um die Entwicklung der ostpreufsischen

familie entstammend, hatte v. F. sein, namentlich vom Vater und Grofsvater erworbenes, für damalige Verhältnisse ungeheures Vermögen im letzten Drittel des 18. Jahrhunderts in Grundbesitz angelegt. Auf die Angerapper Begüterung war bereits 1762 das Vorkaufsrecht durch seinen Vater erworben worden.

Am weitesten nach Osten gelegen, an der Stelle, wo die Angerapp, der erste Nebenflufs des Pregels auf der linken Seite, zum zweiten Mal von ihrem Lauf im rechten Winkel abweicht, erstrecken sich vier von ihren Vorwerken und zwei Dörfer geschlossen bis zu den Szabiener Seen, während das Vorwerk Zargen und das Dorf Schupowen 6 km südlich, das Gut Gotthardsthal und das Dorf Jotschin 7 km nördlich von ihnen getrennt liegen. Westlich an die Angerapper Güter schliefsen sich, in der Hauptsache am linken Ufer der Angerapp gelegen, die Beynuhner Güter, zehn Vorwerke und neun Dörfer, 1798 erworben, an diese weiter westlich die Dombrowker Güter, zwei Vorwerke und zwei Dörfer, sodann bis zum ersten rechten Winkel der Angerapp sich erstreckend, die Launicker Begüterung an, vier Vorwerke, vier Dörfer und einen Krug umfassend. Gänzlich durch die königliche Skallischer Forst von ihnen getrennt, liegt 9 km südlich das Gut Popiollen. In der Hauptsache nimmt dieser etwa 800 kullmische Hufen = 13 600 ha grofse Komplex den gröfsten Teil des Südens des heutigen Darkehmer Kreises ein. Einige 20 km westlich von seinem nordwestlichen Zipfel beginnt, im Nordosten des heutigen Gerdauer Kreises gelegen, die Herrschaft Gnie, drei Vorwerke, vier Dörfer und ein Krug, 1778 erworben; an diese schliefsen sich im Nordosten die Neuastrawischker Güter, drei Vorwerke, zwei Dörfer und ein Krug, im Nordwesten die Graffmauenschen Güter, ein Vorwerk und ein Dorf an, diese bereits im Süden des Wehlauer Kreises gelegen. Auf letztere folgen nördlich Nagurren, zwei Vorwerke und ein Dorf, und an dem letzten rechten Winkel der Alle, bevor sie in den Pregel tritt, die Eiserwager Begüterung, acht Vorwerke, zwei Dörfer und ein köllmisches Gut. Den Beschlufs macht am weitesten im Norden Koppershagen, ein Vorwerk, ein Dorf und ein Krug. Dieser nordwestliche Komplex umfafst etwa 650 kullmische Hufen, = 11 050 ha, er trägt rein deutschen Charakter, während das erste Gebiet alter littauischer Boden ist [1]. Das Material für

---

Landwirtschaft die gröfsten Verdienste erworben und gehören zu den hervorragendsten und dabei liebenswertesten Persönlichkeiten, die die Provinz Preufsen während des Zeitraumes von 1770—1849 aufzuweisen hat.

[1] Der Kreis Darkehmen zählte noch 1825 in seinen Landgemeinden neben 18315 Deutschen 2970 Littauer, obwohl die Germanisierung gerade in den vorangegangenen Jahren stark fortgeschritten war. Die Kreise Wehlau und Gerdauen zeigten schon 1825 eine rein deutsche Bevölkerung. Über die Bevölkerungs- und Nationalitätsverhältnisse vergl. v. Haxthausen „Die ländliche Verfassung in den einzelnen Provinzen der preufsischen Monarchie“, Königsberg 1839.

die hier aufgezählten Güter und Dörfer erwies sich, namentlich was die bäuerlichen Verhältnisse angeht, als überaus reichlich; in erster Linie kamen dabei die zahlreichen Besatzbriefe und die auf Grund staatlicher Anordnung angefertigten Tabellen in Frage. Ebenso genügten die Angaben über den gutsherrlichen Grofsbetrieb, um ein allgemeines Bild von den Verhältnissen desselben zu erhalten. Dagegen war es nicht möglich, näher in die Wirtschaft der Inhaber der für Ost- und Westpreufsen so wichtigen köllmischen [1] Güter einzudringen. Material für diesen Zweck war einmal schon deshalb nicht vorhanden, weil die köllmischen Güter als unabhängige Gutsbezirke [2] selten in Beziehungen zu den Inhabern der adligen Güter getreten sein werden, die Köllmer selbst aber noch wirtschaftlich zu rückständig waren, um eine Buchführung vorzunehmen. Andererseits hatte namentlich die littauische Gegend als Hauptherd der Pest (1709—1711) eine aufserordentlich starke Verminderung der köllmischen Güter durch Einziehung seitens des Staates erfahren [3], sodafs sie hier verhältnismäfsig selten waren.

Eine wertvolle Ergänzung dieses Materials ergab eine Untersuchung des Gräflich-Lehndorfschen Steinorter Archivs im Kreise Angerburg. Dieser Kreis, in dessen Landgemeinden noch 1825 12 297 polnisch sprechende Masuren 9105 Deutschen gegenüberstanden, zeigte im 18. Jahrhundert einen noch weit schärfer ausgeprägten masurischen Charakter der Bevölkerung, so dafs er besonders zum Vergleich mit den rein deutschen und deutsch-littauischen Gegenden geeignet ist. Die Herrschaft Steinort selbst liegt in seinem westlichen Teile über 20 km südlich vom Südwestende des littauischen Komplexes zwischen Mauer- und Dobenschsee, ihre 8 Dörfer und 8 Vorwerke haben eine Gesamtgröfse von 270 kullmischen Hufen = 4590 ha. 1791 erstand der Graf von Lehndorf [4] die wenig nördlicher gelegenen Güter Resau, Gr. Guya und

[1] Das zu den Farenheidschen Gütern gehörige, 4 kullmische Hufen grofse, köllmische Gut Eschenbruch hatte 1811 an lebendem Inventar acht Pferde, vier Ochsen, drei Kühe, vier Schafe, sechs Schweine, drei Gänse, an Aussaat 5 Scheffel Weizen, 15 Roggen, 35 Gerste, 20 Hafer, 13 Erbsen, 1 Bohnen, 4 Wicken, 1 Lein und 10 Kartoffeln. An Heu wurden 18 Fuder zu 13 Centner gewonnen. Die Kontribution betrug 32 Thlr. 62½ gr., die übrigen Abgaben 10 Thlr. 80 gr. 6 Pf.

[2] v. Brünneck; „Zur Geschichte des Grundeigentums in Ost- und Westpreufsen. I. Die köllmischen Güter“, Berlin 1891. Vergl. Seite 70 ff.

[3] A. Horn, „Die Verwaltung Ostpreufsens seit der Säcularisation 1525—1875“, Königsberg 1890. Vergl. Seite 326.

[4] Die Familie von Lehndorf gehört zu den am frühesten in der Provinz Preufsen ansässig gewordenen Adelsgeschlechtern und ist auf das engste mit der Geschichte des preufsischen Staates verwachsen. Auch in wirtschaftlicher Beziehung hat sie nicht unbedeutende Verdienste, so namentlich um die Hebung der Pferdezucht zu Ende des 18. und zu Anfang des 19. Jahrhunderts. Vergl. „Deutsches Gestüts-Buch“ von v. Schwartz und Krocker, Berlin 1872.

2 köllmische Krüge, im ganzen 47 Hufen = 799 ha dazu. Auch aus den Akten über diesen Besitz war eine Vervollständigung der Arbeit zu gewinnen. Im ganzen werden die geschilderten Verhältnisse für die Kreise Wehlau, Gerdauen, Angerburg und Darkehmen typisch sein. Aufser diesen Akten (einige wenige Ergänzungen konnten auch dem im Königsberger Staatsarchiv vorhandenen Material entnommen werden) wurde in erster Linie die aufserordentlich wertvolle Chronik Friedrich Tribukeits: „Schilderung aus dem Leben der preufsisch-littauischen Landbewohner des 18. und 19. Jahrhunderts" Insterburg 1894, benutzt. Diese während der Jahre 1864—75 entstandene Chronik eines Besitzers betrachtet in erster Linie die Verhältnisse des, in unmittelbarer Nähe der Angerapper Güter gelegenen, königlichen Dorfes Christiankehmen, enthält aber aufserdem eine Menge von allgemeinen Bemerkungen, die als Ausflufs eines mit aufserordentlicher Verstandesschärfe und dem wärmsten Empfinden ausgerüsteten Praktikers erscheinen. Soweit andere Werke benutzt wurden, ist in Anmerkungen darauf hingewiesen worden.

Es sind lediglich die Verhältnisse der adligen Bauern, die in dieser Arbeit eine Behandlung erfahren haben, auf die Domänenbauern konnte, wie es ja das Material erklärlich macht, nur gelegentlich hingewiesen werden. Indem die Arbeit mit einer Darstellung der ländlichen Zustände während des letzten Drittels des 18. Jahrhunderts beginnt, um sodann die Einflüsse der Kriegsperiode von 1806—15 und der Regulierung zu betrachten, wird es notwendig, sich in kurzen Zügen die Entwicklung der ländlichen Verhältnisse von der Kolonisation bis zum 18. Jahrhundert zu vergegenwärtigen. Der Verfasser folgt hierbei den Darstellungen v. Brünnecks in der Zeitschrift der Savignystiftung für Rechtsgeschichte, Germ. Abt., Band 8 und Arthur Kerns in Band 14 der Forschungen zur brandenburgisch-preufsischen Geschichte.

Bis zum 15. Jahrhundert war in Preufsen der Orden der einzige Grundherr geblieben; unter ihm safsen zu köllmischem Recht die deutschen Besitzer, alle rechtlich gleich gestellt, neben ihnen die preufsischen Freien und unter ihnen die Masse der preufsischen Bauern, die erst nach dem Wiederabfall vom Christentum Recht und Freiheit verwirkt hatten. Noch war Erwerbs- und Vertretungsfähigkeit auch dieser Bevölkerungsklasse über jeden Zweifel erhaben, noch wurde an Kinder und Blutsfreunde vererbt, Scharwerksdienste nur dem Orden geleistet.

Einen bedeutsamen Umschwung in diesen Verhältnissen führten erst die Kriegswirren des 15. Jahrhunderts und die Niederlage Polen gegenüber herbei.

Der Orden, in dauernder Geldnot, sah sich gezwungen, seine grundherrlichen Rechte zum grofsen Teil zu veräufsern, ein erster Stamm gröſserer Grundbesitzer entstand. Infolge der Entvölkerung des Landes trat bald ein bedenklicher Arbeitermangel ein, der nicht durch Zuzug aus Deutschland gedeckt werden konnte, da die im Thorner Frieden erfolgte Abtretung Westpreuſsens an Polen die Einwanderung erschwerte. Die Verhältnisse waren damit reif für eine Schollenpflichtigkeit der Bauern. In dieser Richtung wirkte auch die nahe Verbindung mit Polen, das einen sehr herabgedrückten Bauernstand aufwies. In den Landesordnungen wurde jetzt die Loslassung der Bauern erschwert, das Recht des Grundherrn an der Fahrhabe der Entwichenen festgestellt. Zwar miſsglückten vorläufig die Versuche, die Verschuldungsfreiheit der Bauern einzuschränken, und noch im Testament Herzog Albrechts vom 15. Februar 1567 wurden alle Preuſsen für frei erklärt, eine Bestimmung, der aber nur die Städte Folge leisteten. Bereits die Landesordnung von 1577 zeigt den entscheidenden Sieg des Adels, Zwangsgesindedienst wurde eingeführt, und Verschuldung an die Genehmigung des Grundherrn geknüpft. Die Oberrechte über die preuſsischen Freien waren ebenfalls an den Adel verkauft worden und auch sie mit Scharwerk überlastet, sodaſs sie bereits 1525 sich am samländischen Bauernaufstand beteiligten. Der Niedergang und die Verschmelzung beider Stände vollzog sich immer weiter, sodaſs wir im 17. Jahrhundert einen Zustand haben, den Kern mit folgenden Worten charakterisiert: „Damals hatte der Bauernstand sein tiefstes sociales Niveau erreicht, der Bauer konnte damals wohl auch losgelöst von der Scholle verkauft werden und muſste thatsächlich gewärtig sein, nach Belieben der Herrschaft seinen Hof mit einem andern zu vertauschen. Seine Kinder dienten ihr zu dem in der Gesindeordnung festgesetzten Minimallohn, solange es ihr paſste, und daraus folgte, daſs sie auch deren Verehelichung hintanhalten durfte.“ Nach einer Relation von 1724 wurde der Bauer auf die Hufe, „wie ein Hofmann auf ein kleines Vorwerk“ gesetzt. Wenn v. Brünneck z. T. nur die Verhältnisse im westlichen Teil der Provinz Ostpreuſsen im Auge zu haben scheint, so berücksichtigt doch Kern auch den Regierungsbezirk Gumbinnen, und da die nachfolgende Arbeit im einzelnen, wenn sie auf frühere Verhältnisse zurückgreift, seine allgemeine Darstellung bestätigt, so werden wir die im vorangegangenen gegebene kurze Charakteristik der Entwicklung der Provinz Preuſsen auch für den Regierungsbezirk Gumbinnen annehmen dürfen, wenn auch die Kolonisation desselben etwa 200 Jahre später als die des Regierungsbezirks Königsberg erfolgt ist[1]. Damit sind wir zum Zeitpunkt, an

[1] Altpr. Monatsschrift. Neue Folge. Band 21. „Das Pestjahr 1709 bis 1710 in Preuſsen“ heiſst es auf Seite 497. „Die Kolonisation von Littauen,

dem die Detailforschung einsetzt, gelangt. Ihr Zweck ist, von der Ergründung der wirtschaftlichen Verhältnisse aus ein tieferes Erkennen der socialen und rechtlichen Lage der Landbevölkerung zu ermöglichen und damit die unentbehrliche Grundlage zu schaffen, von der aus die bedeutsamen Reformen zu Anfang des 19. Jahrhunderts in ihren augenblicklichen Wirkungen und weiteren Folgen klar erfafst werden können.

der Hauptsache nach der heutige Regierungsbezirk Gumbinnen, wenn man sich dessen Grenzen etwas weiter westlich gerückt denkt, ist wohl 200 Jahre jünger als die Kolonisation des Regierungsbezirks Königsberg" und dann weiter: „Erst nach 1466 sind manche adlige Geschlechter nach Osten gewandert."

Erstes Kapitel.

Die wirtschaftlichen Verhältnisse der Dorfbewohner und ihre sociale Gliederung von 1770—1806.

In weit höherem Maſse als in jeder andern preuſsischen Provinz haben die Kriegsjahre von 1806—15 das Gleichgewicht in den wirtschaftlichen Verhältnissen Ostpreuſsens für lange Jahre vernichtet. Trat die Regulierung der gutsherrlich-bäuerlichen Verhältnisse und die damit verbundene bedeutsame Veränderung in der wirtschaftlichen Verfassung auch erst 1819—22 ein, so muſste eine Darstellung, die es sich zur Aufgabe machte, ein Bild zu entrollen von den landwirtschaftlichen Verhältnissen vor der Regulierung, doch bereits mit dem Jahre 1806 abschlieſsen, da hier die im allgemeinen ruhige und stetige Entwicklung des ländlichen Wirtschaftslebens durch staatlich-politische Ereignisse diesen Charakter verliert[1]. Die Schilderung der Ausnahmeverhältnisse von 1806—1815 bleibt daher einem besonderen Abschnitt vorbehalten.

In ganz anderer Weise als nach der Regulierung standen in der ihr vorangegangenen Zeit die Vorwerke des Gutsherrn im Mittelpunkt des ländlichen Wirtschaftslebens. Der auf ihnen zu erzielende Ertrag war der Grund aller wirtschaftlichen Maſsnahmen, das Dorf und seine Bewohner nicht um seiner selbst willen, sondern um seiner Leistungen für Gut und Grundherrn da. Nur eine Schranke gab es, die der Ausbeutung der Dorfbewohner durch den Gutsherrn gesetzt war, das Interesse des Staates an einer zahlreichen, zum Heeresdienst geeigneten und steuerkräftigen ländlichen Be-

[1] v. Haxthausen sagt Seite 92: „Der Zustand unmittelbar vor der Ausführung jener neuen Gesetzgebung kann gar kein Bild von der älteren Landwirtschaft geben. Durch die Kriege und Drangsale von 1807—1815 war diese vielmehr so vollständig zerrüttet, ihrer Inventarien und Betriebskapitale beraubt, daſs man aus ihrem damaligen Bestande allerdings den Normalzustand, wie er 1806 gewesen, nicht beurteilen konnte.“

völkerung. War dieses bedroht infolge allzu starker Fronden und Abgaben oder zu umfangreicher Bauernlegungen, so griff wohl die Staatsgewalt vermittelnd mit Erfolg ein, die Humanität hat selten und nie dauernd Erfolge erzielt. Im grofsen und ganzen war das Interesse des Gutsherrn die bewegende Kraft im ländlichen Wirtschaftsleben, und nur unter diesem Gesichtspunkt kann auch das Leben der Dorfbewohner richtig verstanden werden.

Die Dörfer, in denen sich Hof an Hof reihte, — erst nach der Neuordnung und Separation begannen die einzelnen Besitzer sich auszubauen, — weisen keine wesentlich andere Schichtung der Bevölkerung auf wie im ganzen neunzehnten Jahrhundert darauf. Nur zahlenmäfsig werden sich Unterschiede feststellen lassen. Den wichtigsten Bestandteil bilden auch in dieser Zeit Bauern und Kossäten, letztere bewohnen häufig zu zweien ein Haus. Die Hinterstube des Bauernhauses war an Losleute, Hirten und Handwerker vermietet, zuweilen hatten die Bauern die Verpflichtung, den gutsherrlichen Instleuten Wohnung zu gewähren. Unter den Dorfhandwerkern sind am stärksten die Schneider vertreten, oft durch drei voneinander unabhängige Personen in einem Dorfe, fast überall ist ein Schmied anzutreffen, weniger häufig Schuhmacher, Töpfer, Maurer, Zimmermann, Tischler, Böttcher, Drechsler, Rademacher, sehr selten Salzsäller, Tabakpflanzer und Fleischer. In jedem Dorf findet sich ein Krüger, häufig auch ein Müller, in jedem vierten bis fünften ein Schulbedienter und ein Unterförster oder Waldwart. Die Kirchdörfer haben oft zwei Geistliche, einen Pfarrer und einen Kaplan, meist einen Glöckner, die Pfarrwitwenhufe hat fast immer eine Inhaberin.

Bei der Betrachtung der einzelnen Klassen wird sich als Ausgangspunkt die Eigenwirtschaft des einzelnen am besten eignen, um sodann zu einer Klarlegung der Abhängigkeitsverhältnisse und Pflichten gegenüber Gutsherrn und Staat zu gelangen.

Die Gröfse der Bauerngüter schwankte zwischen $^1/_2$ und 2 kullmischen Hufen, also zwischen 15—60 kullmischen Morgen = $8^1/_2$—34 ha. Unter den 287 Bauernerben, die sich auf 31 v. Farenheid gehörige Dörfer verteilten, war bei 28 Dörfern mit 271 Bauern eine Feststellung der Besitzgröfse möglich. Es waren 13 Bauernhöfe oder 5 % $^1/_2$ Hufe oder $8^1/_2$ ha, 21 oder 8 % 1 Hufe oder 17 ha, 174 oder 64 % zwischen 1 Hufe 5 Morgen ($19^5/_6$ ha) und 1 Hufe 25 Morgen ($31^1/_6$ ha) grofs, das Normalmafs in dieser Klasse war $1^1/_2$ Hufen oder $25^1/_2$ ha, schliefslich 63 Güter oder 23 % in der Gröfse von 2 Hufen oder 34 ha. Zu Steinort gehörten 6 Dörfer mit 71 Bauern, die im Besitze von je 2 Hufen oder 34 ha waren, und 2 Dörfer mit 19 Bauern mit je $1^1/_2$ Hufen oder $25^1/_2$ ha. Demnach herrschten im deutschen und littauischen Teil die Güter mit $1^1/_2$ Hufen = $25^1/_2$ ha, im masurischen Teil die Güter mit 2 Hufen = 34 ha vor. Im allgemeinen hatten die Dörfer nur Besitzungen einer Gröſsenklasse, eine Ausnahme davon machten die Dörfer Schneiderin und Eſszergallen.

Wenden wir uns zunächst zur Wirtschaft der eigentlichen Bauern. — Ausnahmslos herrschte die mit Flurzwang verbundene Dreifelderwirtschaft. Die Hauptwinterfrucht war Roggen, erst Ende der siebziger Jahre beginnt vereinzelt Weizen aufzutauchen, ohne jedoch in der Regel eine Aussaatmenge von $^1/_2$—2 Scheffeln zu überschreiten, freilich säte im deutschen Gebiet bereits 1752 mancher Bauer bis 5 Scheffel aus. An Roggen wurden gewöhnlich 18—25 Scheffel, an Hafer 15—20, Gerste 7—10 und Erbsen $^1/_2$—2 Scheffel ausgesät. Durchweg waren infolge der niedrigeren Kultur des Bauernlandes auch die Erträge geringer als auf den Gütern. Nach einem Bericht von 1799 wurde von Weizen und Roggen auf dem Hauptgut Angerapp das siebente Korn, auf den Vorwerken das fünfte bis sechste, in den dazu gehörigen Bauerndörfern das vierte Korn gewonnen, bei Gerste und Hafer waren die Unterschiede geringer; Kartoffeln begannen erst allmählich Fuſs zu fassen, in der Regel wurden sie in dem Geköchgarten, den jeder Bauer in der Gröſse von etwa 200 Quadratruten besaſs, gepflanzt. Es ist jedoch unrichtig, wenn Tribukeit [1] in seiner Chronik das Jahr 1790 als den Zeitpunkt eines allgemeinen Vordringens der Kartoffel angiebt, derselbe ist bereits 12—15 Jahre vorher anzusetzen. Man findet Ende der siebziger Jahre bereits ganz ansehnliche Mengen, bis 10 Scheffel Kartoffelaussaat, und bei dem Ausgedinge von Altsitzern werden stets etwa 2 Scheffel Kartoffelaussaat gefordert, ein Beweis, wie wenig entbehrlich diese Frucht bereits geworden ist. Weit geringer ist die Aussaat an Bohnen, Raps, Lein, Hanf und Rübensamen. Der Obstbau soll nach Tribukeit [2] den Bauern nicht unbeträchtliche Einnahmen gebracht haben, die Akten schweigen darüber. Das lebende Inventar bestand in der Regel aus 4, selten 5 Arbeitspferden [3], 2 Arbeits-

---

[1] Tribukeit, Seite 37.

[2] Tribukeit, Seite 5.

[3] Nach Kern gab es auch Bauern mit doppeltem Besatz, also 8 Pferden, die als besonders wohlhabend galten. Es erscheint immerhin zweifelhaft, ob derartige Verhältnisse in der Praxis überhaupt bestanden haben. Jedenfalls findet sich in den zu Angerapp gehörigen Dörfern keine Spur von doppeltem Besatz, wie es nach Kern, Seite 251, der Fall hätte sein müssen. Bei der kulturellen Rückständigkeit der Bauern des 18. Jahrhunderts ist es auch kaum anzunehmen, daſs sie fortdauernd ein zweites Gespann zur Leistung der Fronden gehalten haben werden, wenn es ihnen auch beim Besatz übergeben wurde. Weit eher dürfen wir vermuten, daſs sie unter Vernachlässigung der eigenen Wirtschaft die Spanndienste ver-

ochsen, einer, sehr selten 2 Kühen, 2 Schafen, schliefslich aus einem, häufiger 2 Schweinen. Zu Anfang des 18. Jahrhunderts hielten, wie die Steinorter Dörfer zeigen, die Bauern zum Teil auch Ziegen. Federvieh ist wenig vertreten, Enten fehlen ganz, meistens finden sich einige wenige Hühner und Gänse. Auffallend ist bei einem so geringen Landbesitz die unverhältnismäfsig starke Zahl von Arbeitstieren. Sie erklärt sich nicht aus den schwierigen Transportverhältnissen, es wird dies leicht durch die geringe Mühe aufgewogen, die man auf die Bestellung des Ackers verwandte[1], sondern aus den der Herrschaft zu leistenden Spanndiensten. Die Pferde gehörten zu der kleinen, starkknochigen, zottigen masurisch-polnischen Rasse, die rücksichtslos dem Wetter und jeder Strapaze ausgesetzt wurden. Vom April bis November brachten sie die Nächte im Rofsgarten zu, um bei den Reisen während des Winters auch nur bei eisigster Kälte zur Nachtzeit ein mangelhaftes Unterkommeu zu erhalten[2]. Das Vieh wurde vom Dorfhirten von Georgi den 23. April bis Katharinä den 25. November auf der gemeinsamen Weide gehütet. An Lohn erhielt der Hirte nach Tribukeit[3] pro Hufe einen Scheffel Roggen und einige Naturalien, Wohnung wurde ihm von den Bauern in jährlichem Wechsel gewährt. Hatte ein Bauer mehr Vieh auf die Weide zu treiben, als er berechtigt war, so mufste er eine gewisse Entschädigung der Gemeinde zahlen. Auf die Ertragfähigkeit der Weide selbst wurde keine Rücksicht genommen. An Arbeitsgerät verfügte der Bauer über die sogenannten Puffwagen, 2 Eggen, 1 bis 2 Zochen, 1 bis 2 beschlagene Schlitten. Eisernes Gerät war nur in geringem Umfange gebräuchlich, so in Gestalt von Schofsforken, Mistforken, Äxten und Sensen. Selbstgefertigte Holzwerkzeuge standen durchaus im Vorder-

richteten. Doppelter Besatz, wirklich realisiert, wird zu den seltensten Ausnahmen gehört haben, in zahlreicheren Fällen dagegen theoretisch als Forderung erhoben worden und namentlich auch den Behörden gegenüber zur Beschönigung von besonders hohen Scharwerksleistungen behauptet sein.

Wie im Vergleich zu den Verhältnissen der adligen Bauern die der Domänenbauern beschaffen waren, ist aus einem 1797 ausgestellten Besatzbriefe zu ersehen, den Horn auf Seite 482 ff. abdruckt.

„Der Bauer Schattatis erhielt 1 Hube 12 Morgen 162 □ Ruten magdeb., dazu 1 Haus, 1 Scheune, 1 Stall, 2 Pferde, 2 Kühe, 1 Wagen, 1 Pflug, 2 Eggen, 1 Zoche, 1 Sense, 1 Axt, 1 Spaten, 1 Heuforke, 1 Schneidemesser, 1 Säge, 1 Lattenbohrer, ferner an Saat 15 Scheffel Roggen, 5 Gerste, 10 Haber und hat bei Unglücksfällen Anspruch auf die gewöhnliche Vergütung. Als Entgelt hat derselbe jährlich zu Martini 3 Th. 32 gr. 9 Pf. für die Hube Zins zu zahlen, das Acker- und Wiesenscharwerk auf dem Vorwerk Didlacken zu leisten, die Anfuhr des Deputatholzes zur Amtsbrauerei und Branntweinbrennerei und der Amtswirtschaft, sowie die festgesetzten 2 Königsberger Reisen zu leisten.“ Die weiteren Dienste sind weniger erheblich.

[1] Tribukeit, Seite 15.

[2] Tribukeit, Seite 18 ff.

[3] Tribukeit, Seite 14.

grund. Der Wert des lebenden und toten Besatzes wird für die siebziger Jahre ziemlich übereinstimmend auf wenig über 50 Thlr. angegeben. Er steigt jedoch bis Anfang des 19. Jahrhunderts auf etwa 75 Thlr., also um 50 %. Die Preise für Vieh und Geräte stellten sich Ende der siebziger Jahre und um 1800:

	für 1770—1780		1800	
	Thlr.	gr.	Thlr.	gr.
Pferde	5	—	11	—
Kühe	5	—	9	—
Ochsen	8	—	10	—
Schweine . . .	1	—	—	—
Schafe	—	80	—	—
Gänse	—	30	—	45
Hühner	—	12	—	—
Puffwagen . . .	2	30	3	45
Schlitten	2	—	3	—
Eggen	1	30		
Zochen	1	12		
Holzaxt	—	36		
Schofsforke . . .	—	15		
Mistforke . . .	—	24		
Sense	—	18		

Eine besonders starke Preissteigerung von 80—120 % ergiebt sich demnach für Kühe und Pferde.

An menschlichen Arbeitskräften, die zur Bewirtschaftung des Gutes nötig waren, kam zunächst der Bauer und seine Familie in Frage. Nach der Zahl der erwachsenen Söhne und Töchter richtete sich die Gesindehaltung. Einen Knecht und eine Magd, in zwei drittel Fällen auch einen Dienstjungen, finden wir auf den Bauerngütern vor. Bei den 8 Dörfern der Herrschaft Beynuhnen gestaltete sich das Bild so, dafs auf 103 Bauern 107 Knechte, 93 Mägde und 66 Jungen kamen. Nach einer Verordnung des Angerapper Gutsherrn aus dem Jahre 1793 sollten, „wenn auf einem Bauernerbe mehr als vier, auf einem Kossätenhofe mehr als drei arbeitsfähige Personen seien, die übrigen auf Tagelohn arbeiten gehen.“

An Löhnen wurden den Bauernknechten 6—13½ Thlr. gezahlt, durchschnittlich 10—11 Thlr., den Mägden 1 Thlr. 85 gr. bis 6 Thlr., durchschnittlich 4—5 Thlr., den Jungen 60 gr. bis 6¼ Thlr., durchschnittlich 3½ Thlr.

Trotz dieser ziemlich genauen und umfassenden Angaben über die wirtschaftlichen Mittel der Bauern wird sich ein Urteil über ihre Gesamtlage erst fällen lassen, wenn eine genaue Feststellung der dem Gutsherrn und dem Staate zu leistenden Abgaben und Dienste gelungen ist.

Während die Bauerngüter in ihrer Gröfse, wenn wir von den Kossätenhöfen, die nur 5 % aller Besitzungen ausmachten, absehen, nur geringe Unterschiede zeigen, weisen sie bezüglich der Verpflichtungen an den Grundherrn bis etwa 1800 grofse Verschiedenheiten auf. Je weiter wir rückwärts gehen, um so stärker ist in den Farenheidschen Dörfern die Zahl der Bauern in schlechteren Besitzverhältnissen, der sogenannten Scharwerksbauern. Ihnen gegenüber stehen die Zinsbauern oder Hochzinser, die sich in besserer Lage befinden [1]. Die Scharwerksbauern haben keinen Erbanspruch auf ihren Hof, zum Teil sitzen sie zur Zeitpacht, in der Praxis werden sie ihre Höfe doch vererbt haben. Verhängnisvoll konnten ihre schlechten Besitzrechte erst zur Zeit der Regulierung werden, und andererseits schützte in den siebziger Jahren den Zinsbauer sein besseres Recht kaum vor herrschaftlicher Willkür. Wurden thatsächlich auch mehr Scharwerksbauern als Zinsbauern abgesetzt, so sind die Gründe nicht etwa in den schlechteren Besitzverhältnissen der ersteren zu suchen, die ein derartiges Verfahren erleichtert hätten, sondern in ihrer zu weit gehenden Inanspruchnahme durch den Gutsherrn, wodurch ihre eigene Wirtschaft häufig zu Grunde gerichtet wurde. Der Zins, den die Scharwerksbauern zu zahlen hatten, war in der Regel geringer als der der Zinsbauern, er schwankte zwischen 6 und 10 Thlrn. Die gröfste Belastung bedeuteten für diese Bauernklasse die Hand- und Spanndienste. Es läfst sich ein

---

[1] Leopold Krug: „Über Leibeigenschaft oder Erbuntertänigkeit der Landbewohner in den preufsischen Staaten“, Halle 1798, unterscheidet auf Seite 56 Scharwerksbauern mit herrschaftlichem Besatz und starken Fronden von Hochzinsern mit höherem Zins, geringeren Diensten und eigenem Besatz. Nach Kern sind Hochzinser: „Freie, die über ihre Höfe frei verfügen und deren Kinder dem Dienstzwang nicht unterworfen sind.“ v. Haxthausen behauptet Seite 224: „Die Hochzinser haben im ganzen dieselben Rechte an dem Grund und Boden wie die Scharwerker, sie haben die erbliche wirtschaftliche Benutzung und die Scharwerksfreiheit gegen festen Zins.“

Diesen Definitionen gegenüber werden wir gut thun, uns das Geschick eines Bauernhofes während einiger Jahrzehnte vorzustellen. Ist es denkbar, dafs ein Hochzinser, der über seinen Besitz, wie Kern will, frei verfügt, wenn ihn im Laufe der Jahre ein in der damaligen Zeit so häufiges Viehsterben oder eine Mifsernte traf, aus eigener Kraft den Schaden zu ersetzen vermochte? Das wird kaum jemals der Fall gewesen sein; die Herrschaft wird fast stets haben Hülfe leisten müssen, und zum mindesten der Besatz galt dann als herrschaftlich. Und nun entsprach es durchaus dem Interesse der Herrschaft, deren Selbstbewufstsein es widerstand, freie Männer sich gegenüber zu haben, zunächst den Bauern rechtlich herabzudrücken, welcher selbst zu rechtlichen Konzessionen auch weit mehr geneigt war, wie zu wirtschaftlichen. So der Entwicklungsgang, wenn die Herrschaft auf ursprünglich freie Hochzinser traf; noch weit weniger aber wird sie, falls von ihr die Umwandlung der Scharwerksbauern in Zinsbauern ausging, die vorher gekennzeichneten Rechte aus den Händen gegeben haben. Es werden sich daher im wesentlichen Hochzinser von Scharwerksbauern nur durch höheren Zins und geringere Fronden unterschieden haben, zu wirtschaftlichen Konzessionen mochte die Herrschaft bereit sein, niemals zu einem Schritt, der so ganz ihrem Herrnbewufstsein widersprach.

Durchschnitt hierbei schwer feststellen, wir greifen einige Typen heraus. Die Bauern von Stibircken und Schupowen hatten das ganze Jahr hindurch wöchentlich zwei Spann- und sechs Handdienste zu leisten, in Summa, das Jahr zu 48 Arbeitswochen gerechnet, da die drei Festwochen wegfielen, 96 Spann- und 288 Handtage. Die Bauern von Jotschin waren vom 1. April bis zum 1. Dezember wöchentlich zu drei Spanndiensten, in den übrigen Monaten zu wöchentlich einem Spanndienst, in Summa also zu 112 Spanntagen verpflichtet.. Bei Schneiderin waren es 104, bei Dwilinnen und Friedrichsfelde 84 Spanntage, bei Gr.-Beynuhnen 208 Spann- und 120 Handtage. Dazu kamen im Winter 1—2 Getreidefuhren nach Königsberg, das von den Gütern 6 — 13 Meilen Luftlinie entfernt war. Diese Reisen erforderten bei den damaligen Wegeverhältnissen 4—8 Tage Zeit[1]. Befördert wurden etwa 12 Scheffel Winter- oder 15 Scheffel Sommergetreide. Schliefslich waren die Bauern zum Schlagen und Anfahren von 1—2 Achtel Brennholz und 6 Stück Bauholz verpflichtet.

Bei Neubauten auf Vorwerken und Dörfern wurden die zu leistenden Fuhren wiederum verteilt.

Die Spanndienste mufsten mit 4 Pferden, oder 2 Pferden und 2 Ochsen geleistet werden, 2 Personen waren aufserdem zu stellen. Nur die Pflugdienste wurden mit 2 Tieren und einer Person geleistet. Ein Spanntag durfte durch 2 Handtage ersetzt werden. Während der Pausen erhielten die bäuerlichen Arbeitstiere freie Weide.

Weit weniger erheblich waren die Naturalabgaben, 1 bis 2 Gänse, 2 Hühner, 1/2 Schock Eier, oft 1 – 4 Scheffel Roggen, Gerste oder Hafer, stets 1—1 1/2 Mafs Schwadengrütz, seltener einige Bund Stroh, Pilzen, Hirsengrütz, Erdbeeren, Flachs und Garn waren zu liefern.

Das Schwergewicht in den Verpflichtungen der Scharwerksbauern lag durchaus in den Fronden.

Bei den Zinsbauern waren die Naturallieferungen keine wesentlich anderen, auch der Zins bewegte sich bis Mitte der neunziger Jahre zwischen 10 und 14 Thlrn., war also höchstens 8 Thlr. höher als der der Scharwerksbauern. Ungleich geringer waren die zu leistenden Hand- und Spanndienste. So wurden, um einige Beispiele zu wählen, von den Bauern aus Gr.-Sobrost und Medunischken 15 Spann- und 19 Handtage, aus Rossossen 20 und 20, aus Schneiderin 26 und 42, aus Christophsdorf und Lehnkendorf 17 und 15, Potawern 40 und 15, Starnowen 18 Spann- und 14 Handtage gefordert.

In der Mitte zwischen beiden Gruppen stehen ihren Diensten

---

[1] Horn sagt Seite 359 ff.: „Ostpreufsen hat erst während und nach den Freiheitskriegen die Wohlthaten der Chausseen kennen und schätzen gelernt.“

nach die als Hochzinser bezeichneten Bauern von Bokellen mit 48 Spann- und 56 Handtagen.

Zu Reisen nach Königsberg, Holz- und Steinanfuhr waren die Zinsbauern in gleicher Weise verpflichtet.

Befanden sich unter solchen Verhältnissen grofse Teile der Bauern, wie es weiter unten ausführlich begründet werden wird, in einer wirtschaftlich wenig vorteilhaften Lage, so mufs es doch als erfreulich gelten, wenn in den neunziger Jahren sich ohne Eingreifen des Staates eine Wendung zum Bessern zu vollziehen beginnt. Mochten die Scharwerksbauern, indem sie ihre gröfseren Lasten mit denen der Zinsbauern verglichen, unablässig auf eine Besserung ihrer Verhältnisse gedrungen haben, mochte ein weitblickender Gutsherr aus eigenem Antriebe die Initiative ergriffen haben, jedenfalls bringen uns die Anfangsjahre des 19. Jahrhunderts bei den v. Farenheidschen Dörfern die Umwandlung der Scharwerksbauern in Hochzinser. Dies geschah namentlich da, wo neben Scharwerksbauern auch Zinsbauern in demselben Dorfe wohnten, wie das z. B. bei Medunischken, Skirlacken, Gr.-Beynuhnen und Schneiderin der Fall war. Dieser Vorfall hat verschiedenfach zu der irrtümlichen Ansicht geführt, als habe bereits hier vor der staatlichen Gesetzgebung eine private Bauernbefreiung stattgefunden [1]. Ein aktenmäfsiger Beweis ist dafür nicht erbracht worden. In den hier erwähnten Fällen handelt es sich lediglich um eine Ansetzung zu Erbzinsrecht, jedoch bleiben die Bauern, wie ausdrücklich bemerkt wird, Untersassen des betreffenden Gutes und dürfen ohne Genehmigung des Gutsherrn keine Schulden auf ihr Grundstück eintragen lassen. Es war dies eine Mafsregel, die von tiefer Einsicht Zeugnis ablegt, da sie die mit der staatlichen Regulierung verbundene Überstürzung vermied und eine notwendige Übergangsstufe zu gänzlicher Freiheit bildete. Auch war es nur so möglich, die Bauern zu gewissen wirtschaftlichen Fortschritten, Einführung der Koppelwirtschaft, des Kleebaues u. a. m. zu zwingen, da dieses die Gutsherrschaft in gewissen Bestimmungen des Kontraktes verlangte. Freilich geht Hand in Hand mit dieser Umwandlung eine bedeutende Erhöhung des Zinses. So betrug der Zins inkl. Kontribution der Bauern von Gr.-Beynuhnen bis 1802 12 Thlr. 20 gr., nach 1802 20 Thlr. 30 gr., die Spanndienste waren von 208 auf 20, die Handdienste von 120 auf 10 herabgesetzt. Da

---

[1] Vergleiche Rogge, Seite 165. Wenn hier Friedrich Heinrich Johann v. Farenheid an seinen Vater schreibt: „Dafs Sie mit der Loslassung der Gnier Bauern aus der Erbuntertänigkeit den Anfang gemacht haben“ u. s. w., so ist dies als eine Ausnahme anzusehen, oder wohl richtiger der Begriff „Erbuntertänigkeit“ anders zu fassen. Die Akten über diesen Vorgang fehlen; soweit sie von den übrigen Dörfern vorhanden sind, haben wir es, wie es im Text weiter ausgeführt ist, lediglich mit einer Ansetzung zu Erbzinsrecht zu thun.

die anderen Abgaben und Dienste keine Erhöhung erfuhren, so bedeutet dies zweifellos einen Fortschritt. Weniger günstig gestaltete sich die Lage der Bauern da, wo wie z. B. in Potawern, der Zins eine Höhe von 34 Thlrn. 21 gr. erreichte, oder wo er, wie in Illmen 1798 auf 56 Thlr. 22 gr. 9 Pf. stieg, um 1806 auf 60 Thlr. erhöht zu werden. Jedoch zeigt gerade das letzte Beispiel, dafs die Bauern, nachdem sie einigermafsen freien Spielraum in der eigenen Wirtschaft erhalten hatten, auch imstande waren, recht hohe Anforderungen zu befriedigen, und andererseits kam ein derartig hoher Zins auch nur ausnahmsweise vor.

Bevor die Leistungen der Bauern an den Staat betrachtet werden können, erübrigt noch die Hervorhebung einiger bemerkenswerter Punkte in den wirtschaftlichen Verhältnissen des Halbhufners oder Kossäten. Die Verschiedenheiten in der Wirtschaft des Kossäten von der des Bauern beruhen im wesentlichen auf dem Gröfsenunterschied der Güter. Noch mehr wie beim Bauern bildet hier der Roggen, meist 12 Scheffel Aussaat, die wichtigste Kornfrucht. Hafer und Gerste treten ganz zurück, nur selten werden mehr wie 3 Scheffel von jedem ausgesät, dagegen scheint die Kartoffel hier bereits einen verhältnismäfsig gröfseren Spielraum gewonnen zu haben.

Das lebende Inventar bestand aus 2 Pferden, 1 Kuh, 1 Schwein, 2 Schafen und einigem Federvieh. Das tote Inventar war entsprechend der Wirtschaft in geringerer Menge vorhanden. Der ganze Besatz war durchschnittlich 20 bis 25 Thaler wert. Fremde Arbeitskräfte wurden nur, wo keine erwachsenen Söhne vorhanden waren, verwendet, auf 2 Kossäten kam in der Regel ein Knecht. Erbrecht war ebensowenig vorhanden wie bei den Scharwerksbauern, aber auch hier vor der Regulierung von keiner praktischen Bedeutung. Zins wurde nicht erhoben, während die Naturallieferung dieselbe blieb, ebenso wie die Reisen nach Königsberg und die Anfuhr von Holz und Steinen. Die übrigen Spanndienste fehlten hier, jedoch wurden jährlich 104 Handdienste verlangt, mit den Reisen zusammen eine starke Anforderung an eine derartig kleine Wirtschaft. Dagegen war der Grundherr verpflichtet, auch im Winter für Arbeit zu sorgen, in erster Linie sollten die Kossäten beim Erdrusch des Getreides beteiligt sein und den 11½ten, zur Saat den 10½ten Scheffel erhalten.

Von den Abgaben der Bauern an den Staat war nur die Kontribution von einer derartigen Höhe, um im Vergleich mit ihren Leistungen an den Gutsherrn ins Gewicht zu fallen. Sie schwankte zwischen 3 und 7 Thalern, der Durchschnitt war wohl 5 Thaler 30 Groschen, bei den Kossäten entsprechend geringer. Der Realdecem von den bäuerlichen Huben betrug 20 Groschen, an Kalende entrichtete jeder

Bauer gewöhnlich je 1/2 Scheffel Roggen, Gerste und Hafer an den Pfarrer, je 1/4 Scheffel derselben Getreidearten an den Schulbedienten. Für die Armen waren pro Hube einige Metz Getreide, später namentlich auch Kartoffeln zu entrichten. Die übrigen Steuern waren so unerheblich, dafs sie sich kaum wirtschaftlich fühlbar machten, sie waren aufserdem der ganzen ländlichen Bevölkerung eigentümlich, und werden daher weiter unten zu besprechen sein. Von weit gröfserer Bedeutung dagegen waren die Spann- und Handdienste, die die Bauern bei Reparaturen und Neubauten von kirchlichen und Schulgebäuden zu leisten hatten, jedoch bildeten sie nur eine vorübergehende Belastung. In der Hauptsache waren es also die Leistungen an den Gutsherrn, die die wirtschaftliche Lage der bäuerlichen Bevölkerung bestimmten. Wenn wir jetzt am Schlufs einer allgemeinen Betrachtung der bäuerlichen Verhältnisse während der 36 Jahre von 1770—1806 zu einer abschliefsenden Beurteilung gelangen wollen, so wird dies im Sinne geschichtlicher Betrachtung nur möglich, wenn wir einigermafsen über die vorangehende Zeit und die in ihr treibenden Kräfte unterrichtet sind. Freilich sind diese Nachrichten äufserst gering, aber einige Andeutungen lassen sich doch gewinnen.

Gehen wir bis zum Anfang des 18. Jahrhunderts zurück, so bilden die Jahre der Pest von 1709—11 einen verhängnisvollen Einschnitt in das Wirtschaftsleben dieser Gegend, die vorangegangene und folgende Epoche erscheinen gewissermafsen isoliert, die wirtschaftlichen Zusammenhänge gänzlich unterbrochen. Für die Wirkungen der Pest nur einige Beispiele. So zählen die Angerapper Güter, ein Komplex von über 90 Hufen, noch im Jahre 1732 nur 250 Personen, während der kurzen Pestjahre haben sie über 600 Personen verloren. Wie später nachgewiesen werden soll, gehörte die Hälfte der Einwohner von 1732 bereits zu den Neueingewanderten. In einem Bericht aus dem Jahre 1726 heifst es von denselben Gütern[1]. „Vorwerk Angerapp (9 Hufen), Gr. Szabienen (5 Hufen), Paulsdorf (11 Hufen) liegen ganz wüst und sind ohne Besatz. Der Acker ist steinicht, schlecht und sehr verwachsen. Vorwerk Skupowen ist ganz wüst, und ist nicht Stock noch Stiel darauf, Vorwerk Sargen ist von allem Besatz entblöfst (zusammen 15 Hufen). Das Dorf Sodarren hat 9 Hufen, davon liegen ganz wüst 6 Hufen. Jotschin hat 4 Hufen, ist abgebrannt, aufser einem Gärtnerhäuschen sonst nichts befindlich und liegt ohne Besatz, ganz wüste, hat nichts gesät, sondern hat Vieh zur Weide angenommen. Stibircken und Gr. Szabienen haben 16 Hufen, wovon wüst liegen 4 Hufen, Dorf Kl. Medunischken hat 27 Hufen, wovon 13 wüst sind.“ Kein Wunder, wenn dieselbe

[1] Krueger, Seite 18/19.

Begüterung, die 1704 für 99 933 Gulden verkauft wurde, 1728 nicht ganz 1/4 dieses Preises, nur 24 000 Gulden brachte. 1731 gab der Pfarrer des Kirchspiels Szabienen, zu dem diese Güter gehörten, zu Protokoll[1]: „Er hätte die Szabiensche Gemeinde und Dörfer 1711 bei seinem Antritt im Dienst durch die Pest meistens ausgestorben gefunden, so dafs Anno 1714 hieselbsten einige Kolonisten, die meisten aber erst Anno 1724 und 1725, welche dazu gewisse Freijahre genossen, sich gesetzet hätten.“ Die Dörfer Tributswallen und Neusafs-Ufsblenken waren noch 1731 „mit Holz bewachsen oder sonsten verschollen.“ Die kleine Stadt Darkehmen wies nach den Decemskonsignationen im Jahre 1708 15 Handwerker, im nächsten Jahre 9, 1710 nur 4 auf, von denen nur einer bereits 1708 genannt war[2]. Genug Beispiele, um klar gelegt zu haben, welch' ein Grad der wirtschaftlichen Verwüstung und Entvölkerung erreicht war. In diesem Teile Ostpreufsens ist daher die Einwanderung auch eine derartig umfangreiche gewesen, dafs wir in erster Linie an die Rechts- und Besitzverhältnisse der neuen Einwanderer anknüpfen müssen, um sodann ihre Einwirkung auf die alten überkommenen Verhältnisse zu beobachten. Bereits 1713 erfolgten Zuzüge aus Sachsen, 1724 aus Nassau, Oldenburg, der Pfalz, Württemberg und dem Halberstädtischen[3]; das wichtigste Kontingent stellten die Salzburger. So wurden dem Grafen Alexander von Dönhoff 1732 auf seine Bitten vom König 24 salzburgische Familien als Kolonisten für die Beynuhner Güter zugewiesen. Sie sollten frei von Einquartierung, Werbung, Leibeigenschaft, Dienst und Scharwerk sein; frei Brot backen, Bier brauen, schlachten; Fischfang, Bienenhaltung, freier Verkauf überall hin sollte ihnen zustehen; in ihren Teilungen sollten sie uneingeschränkt sein, ebenso in der Wahl irgend eines Handwerks. Mit Schofs und Landeskontribution sollten sie nicht höher als andere Untersassen beleget werden. Falls die Herrschaft den königlichen Schofs bezahle, so wollten sie von jedem Morgen 3 Thaler Zins zahlen, sonst nur 1/2, 15 von der Hube. Sollte nach Jahren zwischen ihnen und der Herrschaft kein billiger Vergleich zu stande kommen, so sollte ihnen ihr Besitz bezahlt werden, sie selbst mit ihren fahrenden Gütern, Kindern und Gesinde als freie Leute hinziehen, wohin sie wollten. — Wir sehen also in einem verödeten Lande in den dreifsiger Jahren einen starken Prozentsatz freier Leute sich ansiedeln, ja mit gröfster Wahrscheinlichkeit läfst sich annehmen, dafs nicht nur die Salzburger, sondern alle deutschen Einwanderer nur unter so günstigen Bedingungen

[1] Rogge, Seite 68.
[2] Rogge, Seite 71.
[3] Rogge, Seite 76.

sich hier niedergelassen haben[1]. Dies bestätigt auch durchaus die schon einmal erwähnte Personentabelle der Angerapper Güter aus dem Jahre 1732. In den Vorwerken finden wir an freien Leuten und Unterthanen:

	Freie Leute	Unterthanen.
Angerapp	5	33
Jotschin	6	—
Gr.-Szabienen . . .	5	—
Sargen	6	5
Paulsdorf	10	14
	32	52
In den Dörfern:		
Sodarren	3	21
Medunischken . . .	43	54
Kl.-Szabienen . . .	21	17
Skupowen	6	1
	73	93
Vorwerke	32	52
	105	145

Wir haben es hier also mit einer ländlichen Bevölkerung zu thun, die zu 42 % aus freien Leuten besteht. Wenn wir nun berücksichtigen, dafs wir in einem Anschlage der Launicker Begüterung aus dem Jahre 1708, also vor der Pest, in den beiden Dörfern Efszergallen und Grutteln nur Bauern in schlechteren Besitzverhältnissen, Scharwerksbauern, erwähnt finden, wenn es in den amtlichen Berichten dieser Zeit über die adligen Bauern stets heifst: „Der Adel fordere alltägliche Dienste[2]“, wenn für die weiter unten zu behandelnden Steinorter Güter sich die Wahrheit dieser Behauptung thatsächlich erweist, dann müssen wir unbedingt zu dem Schlufs gelangen, dafs die Reste der altangesessenen Landbewohner nach der Pest erbunterthänig und allgemein in schlechten Besitz- und Wirtschaftsverhältnissen waren.

Dieser Bevölkerung tritt in den Kolonisten eine rechtlich und wirtschaftlich günstig gestellte zahlreiche neue Schicht

[1] Vergl. dazu Altpr. Monatsschrift, neue Folge, Band 14, Seite 24 ff. Sowohl bei der Kolonisation unter Georg Wilhelm wie Friedrich Wilhelm I. sind die Angesiedelten frei von Scharwerk und haben das Recht, nach Bezahlung ihrer Schulden frei abziehen zu können, zum Teil wird ihnen der Besatz geliefert, dann erhalten sie eine geringere Anzahl von Freijahren.

Zum Soldatendienst scheinen sie trotz gegenteiliger Versicherung doch häufig gezwungen worden zu sein.

[2] Vergl. dazu Horn, Seite 465 ff. und Seite 475. Nach O. Hintze („Zur Agrarpolitik Friedrichs des Grofsen“, Seite 275) in Band X der Forschungen zur brandenburgisch-preufsischen Geschichte, waren in den meisten Hauptämtern 5–6 tägige Dienste üblich. Dasselbe macht auch die Darstellung Kerns wahrscheinlich.

gegenüber. Je länger beide Teile nebeneinander wohnen, um so stärker wird die gegenseitige Beeinflussung, deren Resultate uns die siebziger Jahre zeigen. Rechtlich, daran kann kein Zweifel sein, siegen die alteingewurzelten Verhältnisse, denn das letzte Drittel des 18. Jahrhunderts zeigt die grofse Masse der Landbevölkerung in der Erbunterthänigkeit befindlich. Der geringe Prozentsatz freier Leute findet darin seine Erklärung, dafs fortgesetzt auch in dieser Zeit kolonisiert wurde; wenn auch vereinzelt. Wird dem gegenüber eingeworfen, dafs die Salzburger in erster Linie in den Besitz der köllmischen Güter gelangt seien oder sich als Pächter und Handwerker angesiedelt hätten, so trifft diese Behauptung doch nur für wenige Prozent von ihnen zu, die grofse Mehrzahl hat das Schicksal der übrigen Kolonisten geteilt. Ein merkwürdig schneller Prozefs in weniger als 50 Jahren und nur erklärlich in einer Zeit, die das feine Gefühl für die Verschiedenheit der Rechtsverhältnisse noch wenig entwickelt hatte, die nur da Widerstand hervorrief, wo der unmittelbare Druck der wirtschaftlichen Belastung sich fühlbar machte. Dieser letztere Fall trat aber ein, wenn versucht wurde, die vom Scharwerk freien Kolonisten zu ähnlichen Diensten heranzuziehen wie die Scharwerksbauern. Ohne Frage hat die Kolonistenbevölkerung den Grundstamm der in den siebziger Jahren vorhandenen Zinsbauern gebildet, es war nicht möglich gewesen, sie auch wirtschaftlich zu der Lage der Scharwerksbauern herabzudrücken, es verblieb ihnen der erbliche Besitz, zu dem nur geringe Fronden traten[1]. Das Vorhandensein dieser besser gestellten Bauernklasse war der mächtigste Antrieb für die Scharwerksbauern, dieselben günstigen Bedingungen zu erhalten. Unterstützt von einsichtigen Gutsherren, sind sie bis zum Anfange des neunzehnten Jahrhunderts zum Ziele gelangt. So tritt in der Entwicklung von 1770—1806, in der Umwandlung der Scharwerksbauern in Zinsbauern, von der wir ausgingen, uns nicht ein absoluter Fortschritt entgegen, sondern nur die vorteilhafte Seite eines Kompromisses, dessen Kehrseite uns die Jahre 1713—1770 verbergen.

Ist es so gelungen die beiden Wurzeln frei zu legen, aus denen die Bewegung der Landbevölkerung während der 36 Jahre ihre Kraft sog, so darf jetzt auch die Frage nach der wirtschaftlichen und socialen Lage der Bauern und Kossäten in diesem Zeitraum erörtert werden. Wir haben bereits einen allgemeinen Einblick in die Eigenwirtschaft derselben erhalten, ebenso in ihre Verpflichtungen gegenüber Gutsherren und Staat. Für die Zinsbauern eine gedrückte Lage vorauszusetzen,

[1] So sind auch nach Kern die Hochzinser zum gröfsten Teil aus Kolonisten hervorgegangen, während v. Haxthausen Seite 224 behauptet, sie seien aus den Scharwerksbauern hervorgegangen, es trifft dies wohl nur für die spätere Zeit zu.

nur weil sie erbunterthänig waren, Zwangsgesindedienst, Hand- und Spanndienste in dem vorher angegebenen Maſse auf ihnen lasteten, würde der historischen Wahrheit sehr wenig entsprechen. Es hieſse doch sehr vom Standpunkte moderner Empfindungen urteilen, wenn man annehmen wollte, daſs Erbuntertänigkeit und Zwangsgesindedienst auch nur im entferntesten von der Landbevölkerung des achtzehnten Jahrhunderts als das angesehen wurden, wofür sie der Kulturmensch am Ausgang des neunzehnten Jahrhunderts hält. Fällt aber dieses sittliche Moment weg, so wird sich mit ziemlicher Sicherheit behaupten lassen, daſs bei einem so niedrigen Zins, so geringfügigen Naturalabgaben, bei Fronden, die zwar zuweilen unangenehm und störend, niemals aber vernichtend wirken konnten, die Lage dieser Klasse von Bauern eine verhältnismäſsig gesicherte und günstige war. Anders liegen natürlich die Verhältnisse der Scharwerksbauern und Kossäten, die in der That nichts anderes als ein Anhang des Vorwerksbetriebes waren. Hier fällt die Masse der Hand- und Spanndienste entscheidend ins Gewicht. Mochten auch noch so strenge Vorschriften über die Länge des Arbeitstages, die Innehaltung der Ruhepausen gegeben werden, mochte es verboten werden, nicht geforderte Dienste in der nächsten Woche nachzuleisten, ihre Anzahl war zu groſs, um einen geregelten Betrieb der kleinen Eigenwirtschaft zu ermöglichen. Daher wechseln die Inhaber dieser Stellen mit unheimlicher Schnelligkeit, daher ergiebt die Aufnahme des zurückgelassenen Besatzes bei jeder neuen Übergabe ein immer traurigeres Bild. Ein Kossätenhof in Gr. Szabienen wechselt in den Jahren 1776—94 dreimal den Besitzer, ein anderer von 1776—97 viermal, bis 1815 sechsmal, ein dritter 1784—1814 viermal, ein Scharwerkserbe zu Jotschin 1773—1782 dreimal, bis 1788 viermal. Der Besatz, der, falls er vollständig war, bei den Scharwerksbauern etwas über 50 Thaler, bei den Kossäten 20—25 Thaler, wert sein mochte, war bei ersteren häufig auf 8—10 Thaler, bei letzteren auf 6—7 Thaler herabgesunken. Die Pferde werden in den meisten Fällen je auf 2—3 Thlr. geschätzt, aber man findet auch den Wert zweier Pferde zusammen auf 2 Thaler, in einem Falle auf 1 Thaler 75 Groschen angegeben. Häufig stellte die Herrschaft dem neuen Besitzer Geld zur Verbesserung des Besatzes zur Verfügung, oft wurde er verpflichtet, ihn aus eigenen Mitteln zu ergänzen, nach wenigen Jahren immer wieder dasselbe traurige Bild. Sicherlich hat in manchen Fällen das Ausgedinge der Altsitzer eine unheilvolle Rolle gespielt. Bei so kümmerlichen Verhältnissen mochte es für den Ruin eines Kossäten ausschlaggebend sein, wenn er seinem Schwiegervater freie Wohnung und Feuerung, Acker zu 2 Scheffel Roggen- und 3 Scheffel Kartoffelaussaat geben muſste, ferner je 1½ Scheffel Gerste und Hafer in natura.

In den meisten Fällen waren es aber die der Herrschaft zu leistenden Dienste, die eine Vernachlässigung der eigenen Wirtschaft herbeiführten. Hatte sich doch auch der Gutsherr bei Bedarf ungemessene Fronden, wenigstens in der Weise vorbehalten, dafs sie gegen eine geringe Entschädigung, 9 Groschen Tagelohn beim Mann, 6 Groschen bei der Frau, geleistet werden mufsten. Sicherlich trat das Verlangen nach diesen in der Hauptsache nur zu der auch für den Bauern wichtigsten Bestell- und Erntezeit ein. Auch auf das bäuerliche Gesinde hatte der Gutsherr ein Vorzugsrecht, wenn sein eigener Bedarf noch nicht gedeckt war, nur sollte das Wegmieten in ordnungsmäfsiger Weise geschehen. Wenn wir die Gründe betrachten, welche die Akten für den freiwilligen Rücktritt oder auch die Absetzung eines Bauern oder Kossäten erwähnen, so finden wir Alter, schwächliche Gesundheit, Armut, schlechte Umstände, Unglück in der Wirtschaft, sehr häufig Trunksucht angegeben. Einige Seiten vorher heifst es aber von demselben Mann, der jetzt wegen Armut oder Trunksucht den Hof hat verlassen müssen, er sei lange Jahre als Instmann erprobt gewesen und übernehme jetzt mit verhältnismäfsig grofsen Mitteln die Wirtschaft, oder er besitze gute Empfehlungen und habe bereits erfolgreich einem Erbe vorgestanden. Es ist eine der traurigsten Seiten des damaligen bäuerlichen Lebens, die sich unsern Blicken entrollt. Einen sparsamen, aufstrebenden Instmann sehen wir nach Selbständigkeit ringen, ein bäuerliches Erbe mit seinen schwer ersparten Groschen erwerben, um einen Schritt weiter zu gelangen auf der socialen Stufenleiter. An das Ziel seiner Wünsche gelangt, mufs der Kurzsichtige erkennen, dafs er Unmögliches zu leisten hat; die Ersparnisse schwinden, die Schulden wachsen immer weiter an, mit ihnen kommt die Verzweiflung und als Trostmittel der Alkohol, und der Unglückliche kann sich freuen, wenn er endet, wie er begonnen, wieder als Instmann und nicht bei der Zwangsarbeit am Karren. Ein trauriges Bild und sicherlich nicht überall zutreffend, aber viele der fleifsigsten und aufstrebendsten Arbeiter sind Opfer der Kurzsichtigkeit geworden, die ihrer Zeit in wirtschaftlichen Dingen eigentümlich war, herrschenden, wie beherrschten Klassen. Denn während sie aus eigenem, zwar sehr erklärlichem Antrieb eine Stellung aufgaben, die eine relativ gute war, war der Gutsherr noch nicht weitblickend genug, um einzusehen, dafs eine allzugrofse Anspannung der bäuerlichen Kräfte und ein damit verbundener häufiger Wechsel in der Besetzung der Stellen seinen eigenen wirtschaftlichen Nachteil bedeutete. Beginnen sich die Verhältnisse durch die Umwandlung der Scharwerksbauern in Hochzinser auch in vorteilhafter Weise zu ändern, so trägt diese Periode doch noch nicht den erfreulichen Charakter, den eine weitere Entwicklung zur Folge gehabt hätte, wenn nicht die verheifsungsvollen Anfänge der Kriegsperiode von 1806 bis 1815 zum Opfer gefallen wären. Für die Zeit von 1770 bis 1806 werden wir nur bei den Zinsbauern diejenigen günstigen Verhältnisse annehmen dürfen, die sie befähigten, ein vorwärts treibendes und Kultur weckendes Element zu bilden, bei Scharwerksbauern und Kossäten war das Gegenteil der Fall.

Die hier zur Darstellung gelangte Entwicklung der bäuerlichen Bevölkerung trifft nur für die beiden, v. Farenheid gehörigen, Güterkomplexe zu. In dem masurischen Steinort lagen die Verhältnisse ganz anders. Hier waren bis zum Jahre 1713 die Bauern sämtlicher Dörfer zu täglichem Scharwerk mit drei Personen verpflichtet gewesen, dagegen scheint kein Zins gezahlt worden zu sein. Die Klagen über ihre unerträgliche Belastung veranlafsten den Grafen Lehndorf, sie im Jahre 1713 auf Zins zu setzen, 30—33 Gulden durchschnittlich. Das Scharwerk wurde in der Weise festgesetzt, dafs jeder Bauer je 6 Scheffel im Winter- und im Sommerfelde zu bestellen hatte und ebenso die Einbringung der Ernte davon übernahm. Das Land für 3 Scheffel war zu bemisten, entweder vom Dünger des herrschaftlichen, oder falls derselbe nicht ausreichte, von dem des bäuerlichen Viehs. Während der Heuernte wurden 4 Scharwerkstage verlangt, und aufserdem war an 2 Tagen jeder Woche eine Magd zu stellen. Zwei Achtel Holz mufsten gesetzt und angefahren, 6 Tage gerodet, 2 Königsberger Reisen geleistet werden; dazu kamen noch recht beträchtliche Hülfsdienste zur Fischerei. An Naturalien wurden 2 Gänse, 2 Hühner, 1 Stof Schwadengrütz, 1 Stof Himbeeren, 1/2 Schock Eier und eine gewisse Flachslieferung gefordert. Eine Veränderung haben diese Dienste und Abgaben während des 18. Jahrhunderts und bis zur Regulierung im 19. nicht erfahren. Sie trafen alle Bauern gleichmäfsig, nur zeitweise finden sich 2—3 sogenannte Freibauern, die von allem Scharwerk frei, 20—33 Thaler Zins zahlten. Im allgemeinen scheint hier Zeitpacht, namentlich in der älteren Zeit, die vorherrschende Form gewesen zu sein, wenigstens sind in den vierziger Jahren die Pachtkontrakte auf 3 Jahre besonders häufig. In die eigentlichen wirtschaftlichen Verhältnisse läfst eine Tabelle aus dem Jahre 1787 blicken. Ausgesät hatten danach die 90 Bauern der 8 Dörfer 176 1/2 Scheffel Weizen, 1311 1/2 Roggen, 250 Gerste, 288 1/2 Erbsen, 1065 Hafer, 104 3/4 Leinsaat; an menschlichen Arbeitskräften waren 362 Personen vorhanden, an Arbeitsvieh 417 Pferde, 179 Ochsen, an Nutzvieh 155 Kühe. Erbaut wurde im allgemeinen das dritte Korn. Gegenüber dem ersten Drittel des 18. Jahrhunderts scheint eine Vermehrung des Arbeitsviehs eingetreten zu sein, die Aussaatmenge der einzelnen Getreidearten zeigt keine Veränderung, nur Weizen ist neu hinzugekommen.

Läfst sich nun bezüglich der Steinorter Bauern, da die

Fronden nicht direkt in Tagen angegeben sind, ein Vergleich mit den Verhältnissen der Farenheidschen Bauern schwer ziehen, so darf doch wohl als ausgemacht gelten, dafs alles in allem hier das zutrifft, was bezüglich der Scharwerksbauern festgestellt werden konnte, wenn auch nicht gerade die gedrücktesten Klassen derselben vorhanden zu sein scheinen[1]. Verhängnisvoll war aber der Umstand, dafs hier keine Übergänge, wie dort in der Gestalt der Zinsbauern sich vor der Regulierung durchsetzten, sodafs diese eine wirtschaftlich unselbständige und unreife Klasse traf.

Wir wenden uns jetzt der weiteren Dorfbevölkerung, zunächst der Klasse der Handwerker zu; die eigentlichen Gutshandwerker werden weiter unten behandelt werden. Sicherlich werden gerade unter den im Dorfe ansässigen Handwerkern eine Menge freier Leute gewesen sein, zum Teil Soldaten, die während ihrer Dienstzeit sich die notwendigen Kenntnisse erworben hatten, zum Teil wohl auch anrüchige Existenzen, denen der harte Zunftzwang in den Städten wenig behagen mochte; so sind vielleicht die ewigen Klagen der Zünfte bei dem Gutsherrn über die Pfuscher zu erklären. Freilich werden wir uns hüten müssen, bei der bekannten Verknöcherung des Zunftwesens alle Vorstellungen als berechtigt anzusehen. Sehr möglich, dafs gerade die fortbildungsfähigsten, aufstrebendsten Elemente sich nach freierer Bethätigung sehnten und diese nur auf dem Lande finden konnten. Spricht doch auch die günstige wirtschaftliche Stellung, namentlich der Schmiede, für diese Mutmafsung. Auch der Umstand darf nicht übersehen werden, dafs wir es durchaus nicht immer mit Einzelmeistern zu thun haben, sondern vielfach 1—2 Gesellen beschäftigt wurden. Im allgemeinen finden wir die Handwerker im Besitz von 3 Morgen Ackerland, 150 Quadratruten Garten; 1—2 Kühe, 3 Schafe, 3 Schweine bilden das lebende Inventar, die am besten situierten besitzen auch häufig 2 Pferde. Die Löhne scheinen nicht unbeträchtlich gewesen zu sein; so finden wir bei Zimmergesellen einen Tagelohn von 42—45 gr., Handlanger erhalten 15—18 gr. Im Falle mangelnder Handwerksarbeit sehen wir sie um Tagelohn auf den Vorwerken thätig. An Miete zahlten sie gewöhnlich 3 Thlr. Die Nahrungsgelder betrugen pro Jahr bei Schmieden, Schneidern, Schustern 1 Thlr., bei Rademachern, Tischlern, Zimmerleuten 1 Thlr. 60 gr. An Personal-

[1] Nach Kern war die Lage der Bauern in Masuren am traurigsten, und wurden sie daselbst häufig nur als Gärtner bezeichnet. Es entspricht dies durchaus den im allgemeinen schlechten Bodenverhältnissen dieser Gegend. So sagt v. Farenheid in dem sehr lehrreichen Aufsatze: „Wohlstand eines masurischen Kalkbauern", Preufsische Prov.-Blätter, Bd. IV: „In den Gegenden des unfruchtbaren Kies- und Kalkbodens in den hügeligen Teilen Preufsens nach der polnischen Grenze hin spendet die Erde kärglich ihre Gaben, und Armut ist das Los des gröfseren Teils ihrer Bewohner."

decem zahlten die Meister 20 gr., die Gesellen 6 gr., jedes Kind 3 gr. Fehlte es nicht an Berufsarbeit, so war im allgemeinen die wirtschaftliche Lage der Dorfhandwerker als durchaus günstig zu bezeichnen.

Ein Urteil über die Verhältnisse der Krüger zu gewinnen, ist bei dem Mangel an Material unmöglich. Sie waren in den meisten Fällen zugleich Bauern und zahlten vielfach an Stelle der Dienste einen höheren Zins. Für den Krug selbst wurden gewöhnlich 4—8 Thlr. entrichtet. Aufserordentlich erheblich scheinen zuweilen Kontribution und Domänenzins gewesen zu sein. So zahlten zwei dem Grafen Lehndorf gehörige Krüge mit 3 und 2 Hufen Land im Jahre 1791 41 und 34 Thlr. Bier und Branntwein mufste der gutsherrlichen Brauerei und Brennerei entnommen werden; ein gewisses Mindestquantum, das z. B. bei Jotschin aus 8 Ohm Branntwein und 10 Tonnen Bier bestand, war in den meisten Fällen festgesetzt.

Die Mehrzahl der Mühlen wurde gleichfalls verpachtet, der Zins schwankte hier sehr, überschritt aber in der Regel mit einem Betrage von 200—250 Thlr. die höchsten bäuerlichen Zinsen. Jedoch finden sich auch weit niedrigere Angaben, namentlich in der älteren Zeit, 1730 zahlt ein Müller zu Steinort nur 18 Thlr.

Freies Mahlwerk für die Vorwerke, auch für Brauerei und Brennerei, war stets ausgemacht. Ebenso bestand allgemein Mühlenzwang; an Mahlgeldern wurden z. B. in Gnie erhoben für Beuteln eines Scheffels Roggen oder Gerste 6 gr., Schroten 5 gr., von den Gutsangehörigen 4 und 3 gr. Das Mühlengrundstück lag nicht immer im Dorfe, 2 Hufen Land pflegten zu ihm zu gehören.

Die wirtschaftliche Lage des Müllers, der wohl stets ein freier Mann war, mufs trotz des hohen Zinses eine durchaus gute gewesen sein, auch social nahm er eine die der anderen Dorfbewohner überragende Stellung ein. Starke Gesindehaltung, 1—2 Knechte, 2—3 Mägde, 1 Geselle, 2 Burschen waren in der Mühle thätig. Selten, wohl nur kleinere Mühlengrundstücke, hat die Herrschaft durch einen Unterthanen direkt besetzt, das Gehalt inklusive Deputat des Meisters finden wir auf 140 Thlr., das des Knechtes auf 16 Thlr. 45 gr. angegeben. In diesem Falle erhebt die Herrschaft vielfach eine direkte Personalsteuer zwischen 30 und 42 gr.

Der Zahl nach, auch in dieser Zeit nach der bäuerlichen Bevölkerung am stärksten war die Klasse der L o s l e u t e. Wenn vielfach die Behauptung aufgestellt wird, vor der Bauernbefreiung habe es keinen eigentlichen ländlichen Arbeiterstand gegeben, so zeigen die hier in Frage kommenden Dörfer in der Hauptsache das Gegenteil. Betrachten wir z. B. das Dorf S tibircken im Jahre 1773. Wir fügen die zu jedem Hausstande gehörende Anzahl der Personen und zur besseren Kennzeichnung der Besitzverhältnisse auch die Zahl der Kühe hinzu:

	Personen:	Kühe:
1 Pfarrer	6	2
1 Präzentor	6	2
1 Pfarrwitwe	8	4
1 Schmied	11	1
5 Handwerker	19	—
6 Bauern	49	6
4 Knechtsweiber	11	2
11 Losleute	45	8
1 Weib	2	—
1 Witwe . . . , . . .	3	1
1 Drechsler	2	2
1 Krüger	4	2

Ohne Frage ist die Zahl der Losleute in diesem Dorfe eine besonders hohe, im allgemeinen ist sie weit niedriger im Verhältnis zur Zahl der Bauern, jedoch immerhin beträchtlich. Die zur Herrschaft Beynuhnen gehörigen Dörfer weisen nachstehendes Verhältnis auf:

	Bauern:	Losleute:
Thalau	9	9
Sauskojen	12	6
Gr.-Beynuhnen	14	6
Skirlacken	16	8
Kowarren	9	6
Kl.-Sobrost	9	7
Gr.-Sobrost	16	10
Medunischken	18	8
Fritzendorf	—	3
Summa	103	63

Nehmen wir hinzu, daſs die Vorwerke auſserdem eine beträchtliche Zahl von Instleuten enthielten, so läſst sich für diese Gegend ein Arbeiterstand feststellen, der der Anzahl der Bauern mindestens das Gleichgewicht hielt. Vor allem wird damit auch die Behauptung beseitigt, daſs die Bestellung der Gutsäcker und die ganzen Arbeiten auf den Gütern in der Hauptsache von den Bauern geleistet wurden. Jedoch wird sich dies Ergebnis erst bei der Betrachtung des eigentlichen Gutsbetriebes recht klar legen lassen. Von den Losleuten ist sicherlich anzunehmen, daſs sie weniger bei den Bauern als auf den Vorwerken und in den Wäldern auf Tagelohn gearbeitet haben.

Sie wohnten bei den Bauern, oft mit ihnen in einer Stube, bei älteren Losleuten findet sich als Wohnort häufig „hinter dem Ofen" angegeben. Land besaſsen sie in der Regel nicht, jedoch wurden ihnen von den Bauern zuweilen $^1/_2$—2 Scheffel

Getreide ausgesät, wofür sie eine Anzahl Tage unentgeltlich arbeiteten. Gleichzeitig jedoch mit der Umwandlung der Scharwerksbauern in Zinsbauern und der damit verbundenen Verringerung der Dienste scheint sich das Bestreben der Gutsherrschaft geltend gemacht zu haben, sich in dieser Tagelöhnerklasse einen Ersatz zu schaffen. Zu diesem Zwecke wurden in mehreren Dörfern kleine Parzellen von 3 Morgen Land geschaffen, die den Losleuten überwiesen wurden, so in Wittenberg, Efszergallen und Grutteln. Die Lage der landlosen Losleute war zweifellos eine durchweg ungünstige. Vor allem fehlte ihnen bei allgemeinen Miseren jeder Rückhalt, und fielen sie dann der Gemeinde und dem Gutsherrn zur Last. In sehr bezeichnender Weise heifst es in einem Pachtkontrakt: „Einnahmen von Dorfinstleuten sind nicht zum Anschlag gebracht, da sie entbehrlich und in schlechten Jahren lästig sind.“ Kuhhaltung gehörte sicherlich zur Ausnahme, wenn sie auch im Dorf Stibircken die Regel gewesen zu sein scheint. Als Entschädigung für die Wohnung wurde ein Kopfschofs von 35 gr. pro Person an die Herrschaft entrichtet, jedoch nur bis zum Alter von 60 Jahren erhoben, aufserdem waren 15 Tall Garn zu liefern. An Personaldecem zahlte der Mann 15 gr., das Weib 6, das Kind 3 gr. Einige freie Elemente werden sich auch unter ihnen befunden haben, wenigstens lassen das Bestimmungen in Pachtkontrakten vermuten, die dem Pächter verbieten, unterthänige Leute um geringeren Tagelohn als freie zu Diensten zu zwingen. In der Regel erhielt der Mann 9—10, die Frau 6 gr.

Nachdem so die wichtigsten Klassen der Dorfbewohner eine Behandlung erfahren haben, bleibt, abgesehen von den Waldwarten, die als herrschaftliche Beamte im Zusammenhang mit dem Gutsbetrieb betrachtet werden sollen, noch die Klasse der Schulbedienten übrig, deren Verhältnisse um so mehr eine ausführliche Besprechung verdienen, als daraus mancher wertvolle Einblick in die kulturelle Lage der Dorfbewohner gewonnen werden kann.

Wie traurig die wirtschaftliche und sociale Lage der Schulbedienten war, zeigt sofort ein Protokoll aus dem Jahre 1781. Es heifst daselbst: „Der Schulmeister Mullerskowski sei mit dem Tode abgegangen. Da derselbe nur schlecht gestanden, keine gewisse Wohnung gehabt, sondern von einem Wirt zum andern habe ziehen müssen, so finde sich kein Vorsteher.“ Zu derselben Zeit erhält ein Schulmeister an Gehalt aus der Schulkasse der Regierung 2 Thlr. 18 gr., Schulgeld 3 Thlr., vom Gutsherrn 5 Thlr., für das Besingen der Leichen in seiner Societät 40 gr., in Summa 10 Thlr. 58 gr., an Deputat 2 Scheffel Roggen, 1 Gerste, 12 Centner Heu, 1 Schock Stroh, 3 Achtel Holz; 3 Morgen Acker, 1 Morgen Weide wurden unentgeltlich bestellt, dazu kam freie Weide für 1 Kuh, 1 Stärke,

2 Schafe, 2 Schweine und 2 Gänse. Von öffentlichen Lasten waren Schulmeister und Geistliche frei.

Nach einer Verfügung aus dem Jahre 1741 sollten die Lehrer adliger Schulen erhalten:

1. Freie Wohnung,
2. Garten von 100 Quadratruten,
3. 3 kullmische Morgen Acker,
4. 2 Fuder Heu,
5. 2 Achtel Holz,
6. Weidefreiheit für 2 Rinder, 2 Schweine, 2 Schafe, eine Gans.
7. Freiheit von allen Oneribus.

Wurde kein Ackerland vom Grundherrn und der Gemeinde geliefert und bestellt, so erhielten die Schulmeister pro Hufe Bauernlandes 4 Metz Roggen, 2 Stof Gerste, 3 Stof Hafer, 2 Stof Erbsen und 1 Fuder Strauch. Der Grundherr pflegte zuzuschiefsen, was an 10 Scheffel Roggen, je 2 Scheffel Gerste, Hafer und Erbsen, 10 Fuder Sprock und Lagerholz, 12 Centner Heu und 1 Schock Stroh fehlte. Auch an den besten Schulen erhielten, wie besonders hervorgehoben wird, die Schulbedienten nicht mehr wie 12 Scheffel Korn und 6 Gerste. In der Hauptsache waren die Schulmeister Handwerker und sahen diese Beschäftigung als ihr eigentliches Amt an. So heifst es nach Rogge[1] in einer Verordnung: „Ist der Schulmeister ein Handwerker, so kann er sich schon ernähren, ist er keiner, so wird ihm erlaubt, in der Ernte sechs Wochen auf Tagelohn zu gehen." In den vier Schulen zu Gudwallen, Pötscheln, Balschkehmen und Halwischken waren drei von den vier Schulmeistern im Jahre 1730 Handwerker. 1779 mufste es dem Schulmeister Kollatis in Gudwallen bei Strafe verboten werden, keine Schaffelle in der Schulstube zu gerben, indem der Gestank den Kindern höchst ungesund sei. Häufig war überhaupt keine besondere Schulstube vorhanden, dann zog der Schulmeister von einem Bauer zum andern, in deren Stube dann der Unterricht der Dorfkinder stattfand. Da 4—6 Dörfer einen gemeinsamen Schulmeister hatten, konnte von einem regelmäfsigen Unterricht nicht die Rede sein. Noch Tribukeit[2], der sicher spätere Verhältnisse im Auge hatte, berichtet, dafs die Schule Katharinä (25. November) anfing und Ostern endete, aus den entfernteren Dörfern die Knaben mit dem zehnten, die Mädchen erst mit dem zwölften Jahre den Schulbesuch begonnen hätten. 1773 klagt der Pfarrer von Dombrowken: „Die gröfste Behinderung ist hier wohl das tägliche Scharwerk; dahero es denn geschehen, dafs im vergangenen Winter die Kinder aus den verschiedenen Dörfern,

[1] Rogge, Seite 136 ff.
[2] Tribukeit, Seite 24 ff.

besonders aber aus dem Dorfe Rossossen, kaum zehnmal den ganzen Winter durch in der Schule Dombrowken gewesen sind.“ Unter solchen Verhältnissen waren die Lehrerfolge sehr gering; Tribukeits Vater, der als besonders aufgeweckter Junge galt und vier Jahre hindurch den Unterricht eines besonders tüchtigen Lehrers genossen hatte, begriff während seiner Schulzeit nicht, dafs 8—4 = 4, 2·4 = 8 oder 4·4 = 16 sei. Noch in den zwanziger Jahren findet sich in den Regulierungsprotokollen kaum jemals eine eigenhändige Unterschrift der Bauern. Freilich mochte die Zahl der Kinder, die auf eine Lehrkraft kam, viel zu grofs gewesen sein, kamen doch noch im Jahre 1834 auf die 8 Schulen des Szabiener Kirchspiels mit zusammen 9 Klassen 739 Kinder, auf eine Lehrkraft 82. Das Einkommen der Lehrer ist aber bereits auf über 75 Thlr. gestiegen, was gegenüber der hier behandelten Zeit doch einen wesentlichen Fortschritt bedeutete. Von der Periode bis 1806 werden wir unbedenklich behaupten können, dafs das ländliche Schulwesen noch durchaus in seinen Kinderschuhen steckte, dafs die mangelhafte Vorbildung der Lehrer, ihre ungemein traurige wirtschaftliche Lage, die sie ihr Lehramt nur als eine Nebenbeschäftigung anzusehen zwang, es bei den Kindern kaum zur Aneignung der mangelhaftesten elementaren Kenntnisse bringen konnte.

Wir gelangen damit zur Erörterung gewisser, die Gesamtheit der Dorfbewohner betreffenden Momente. Es sind vor allem die Anforderungen des Staates, die hier noch berücksichtigt werden müssen, in erster Linie die militärischen Leistungen. Trotzdem eine allgemeine Wehrpflicht nicht vorhanden war, lastete der Militärdienst doch ungleich schwerer auf der ländlichen Bevölkerung, wie in der Gegenwart. Wir finden kaum jemals Leute im Alter von 20 Jahren unter den Ausgehobenen, weit häufiger aber solche von 27—29 Jahren, während ein Alter von 25 Jahren etwa der Durchschnitt sein mochte. Naturgemäfs trat unter solchen Verhältnissen weit häufiger der Fall ein, dafs verheiratete Leute zum Soldatendienst herangezogen wurden. Kam dann noch hinzu, dafs der betreffende Kantonist bäuerlicher Wirt war, was bei der im Vergleich zur Gegenwart weit stärkeren bäuerlichen Bevölkerung sich oft ereignete, so bedeutete dies ganz ungeheuere Störungen des Familien- und Wirtschaftslebens. Nicht unbedeutend waren auch die Leistungen der ländlichen Bevölkerung zu militärischen Bauten, namentlich bei der Anlage und Verstärkung von Festungen. So haben im Jahre 1777 die Beynuhner Güter zum Graudenzer Festungsbau 8 Arbeiter zu stellen. Sie wurden überwiegend der Zahl der Los- und Instleute entnommen, ihren Unterhalt mufsten die Bauern aber mitbestreiten und zwar jährlich pro Hufe 1 Thlr. 45 gr. entrichten, das Gesinde zahlte pro Thaler Lohn 6 gr., die Losleute 36. Aufserdem lastete auf der Gemeinde der Unterhalt der zurückgelassenen Familien. Noch in den Jahren 1788/89 gingen die Beiträge zum Graudenzer Festungsbau weiter. Daneben liefen regelmäfsige Getreide-, Heu- und Strohfuhren nach den militärischen Magazinen. Im ganzen werden die Steuern, wie Landeskonsumtionssteuer, Klassen-, Tabak-, Salzsteuer sich gegenüber den auch in Friedenszeiten für militärische Zwecke erhobenen Abgaben und Leistungen kaum fühlbar gemacht haben. Insofern aber bieten sie für diese Betrachtungen Interesse, als sie die genauere Schichtung der Bevölkerung wiederspiegeln, wie sie die Obrigkeit damals vornahm.

So unterschied die Tabaksteuer im Jahre 1787 6 Klassen, von denen jedoch nur in den vier letzten die Dorfbevölkerung Steuerzahler aufwies. Wir betrachten hier das Bauerndorf Stibircken und das Kossätendorf Gr.-Szabienen.

Gr.-Szabienen:

Klassen:	III		IV		V		VI	
	gr.	Pf.	gr.	Pf.	gr.	Pf.	gr.	Pf.
1 Krüger	—	—	30	9	—	—	—	—
1 Schulz	—	—	—	—	15	6	—	—
12 Kossäten à	—	—	—	—	15	6	—	—
5 Söhne à	—	—	—	—	15	6	—	—
5 Knechte à	—	—	—	—	15	6	—	—
2 Losleute à	—	—	—	—	—	—	7	12
2 Söhne à	—	—	—	—	—	—	7	12
1 Dienstjunge	—	—	—	—	—	—	7	12

Stibircken:

Klassen:	III		IV		V		VI	
	gr.	Pf.	gr.	Pf.	gr.	Pf.	gr.	Pf.
Pfarrer . .	61	—	—	—	—	—	—	—
Kaplan . .	61	—	—	—	—	—	—	—
Krüger . .	—	—	30	9	—	—	—	—
Schmied . .	—	—	30	9	—	—	—	—
Müller . . .	—	—	30	9	—	—	—	—
6 Bauern à .	—	—	30	9	—	—	—	—
Schulmeister	—	—	—	—	15	6	—	—
Zimmermann	—	—	—	—	15	6	—	—
2 Losleute à .	—	—	—	—	15	6	—	—
Rademacher .	—	—	—	—	15	6	—	—
Gesell . . .	—	—	—	—	15	6	—	—
12 Knechte à	—	—	—	—	15	6	—	—
Hirt . . .	—	—	—	—	—	—	7	12
Fleischer . .	—	—	—	—	—	—	7	12
6 Losleute à .	—	—	—	—	—	—	7	12
3 Bauernsöhne à	—	—	—	—	—	—	7	12
Mittelknecht .	—	—	—	—	—	—	7	12
4 Dienstjungen à	—	—	—	—	—	—	7	12

Bemerkenswert ist hier namentlich, dafs Schulmeister und Kossäten mit den Knechten derselben Steuerklasse angehören, die bessere wirtschaftliche Lage des Schmieds gegenüber den anderen Handwerkern anerkannt wird, und dafs die Mehrzahl der Losleute mit den jugendlichen unselbständigen Personen in derselben Klasse zahlt. Ähnliche Beobachtungen ergeben die übrigen Steuern. Gleichfalls nicht bedeutend zeigen sie stets Tendenz, die Klassen mit dem kleinsten Einkommen, wenn auch mit noch so geringen Beträgen, heranzuziehen. Mit der gröfsten Peinlichkeit mufsten die bis ins einzelne vorgeschriebenen Anordnungen des Staats beobachtet werden, der Grundherr wurde für alle Einzelheiten verantwortlich gemacht. Im Dorfe war sein Gehülfe der Schulz, den er aus der Klasse der Bauern, im Kossätendorfe aus der der Kossäten ernannte [1]. In der Regel war der Schulz von den Hand- und Spanndiensten frei und erhielt aufserdem jährlich 3 Thaler für seine Mühewaltung, oft waren auch einige Schulzenmorgen vorhanden, die ihm zum Anbau überwiesen wurden. Er wurde zugleich als Vertrauensmann des Grundherrn zu Abschätzungen bäuerlicher Besatzstücke u. a. m. herangezogen. In der Grafschaft Steinort standen ihm die sogenannten Ratmänner, gleichfalls der Zahl der Bauern entnommen, bei der Ausübung seiner Funktionen zur Seite. Die Geldstrafen seitens des Staats bei Nichtbefolgung seiner Anordnungen waren auch bei kleinen Vergehen aufserordentlich hoch, so erhielt 1772 eine Witwe für nicht rechtzeitige Abholung ihres Salzquantums 4 Thaler zudiktiert. Andererseits trat aber auch die staatliche Hülfe in Gestalt von Steuererlässen, Vorschüssen jeder Zeit ein, wenn die Bevölkerung durch Überschwemmung, Feuersbrünste, Viehsterben oder Mifswachs Schaden erlitten hatte.

Einen nicht minder starken Rückhalt bei unverschuldeten Unglücksfällen bot der Gutsherr den Dorfbewohnern. Vom Pfarrer bis zum ärmsten Losmann von ihm abhängig, genossen sie durchaus auch die Vorteile der patriarchalischen Arbeitsverfassung. Den Bauern und Kossäten lieferte der Gutsherr den Besatz, das Brennmaterial in der Gestalt von 18 Fuder Sprock oder 2 Achtel Stubben, deren Rodung sie selbst übernehmen mufsten; die Neubauten wurden auf herrschaftliche Kosten ausgeführt; übernahm sie der Bauer selbst, so erhielt er das Material frei geliefert und eine gewisse Geldentschädigung, bei Bauten in Fachwerk in der Höhe von 15 Thlr. für ein Haus, 8 Thaler für einen Scheune, 7 Thlr. für einen Stall, für einen Stall in Feldsteinen 30 Thaler, in Ziegel 20 Thaler. Bei Mifsernten wurde den Bauern Getreide vorgeschossen, das sie mit einer Metze Aufmafs pro Scheffel zurückerstatten mufsten. Häufig hatten die Güter zu diesem Zwecke einen besonderen Reservefonds an

[1] Horn, Seite 484.

Getreide, den anzulegen auch die Pächter vielfach verpflichtet wurden. Fehlte Brotgetreide, so nahm man als Konsum pro Monat für eine erwachsene Person 1/2 Scheffel, für ein Kind 1/4 Scheffel an. Von grofser Wichtigkeit war auch die Regelung des Ausgedinges der Altsitzer durch den Gutsherrn; häufig sehen wir, wie dieser den Bauern vor der leichtsinnigen Übernahme allzu hoher Verpflichtungen bewahrt. Die Höhe der Pensionen der Pfarrwitwen und Lehrerwitwen bestimmte der Gutsherr; sie waren natürlich sehr niedrig, so erhielt noch am Anfange des 19. Jahrhunderts eine Kantorwitwe 5 Thaler, aber auch diese Unterstützung war bei dem hohen Werte des Geldes höchst willkommen. Bei derartigen Verpflichtungen war es nur zu natürlich, dafs der Gutsherr eine scharfe Kontrolle in erster Linie über die bäuerlichen Wirtschaften ausübte. Aufs genaueste war der Betrieb derselben vorgeschrieben, auf das strengste z. B. das Wegbringen von Stroh und Mist vom Hofe verboten; jede Woche mufsten die Schornsteine gereinigt werden, niemals durften Scheune, Ställe und Böden mit Licht betreten werden. Entstand durch Schuld eines Bauern Feuer, so mufste er vom Hofe, eine aufserordentlich gerechtfertigte Mafsregel, da Feuersbrünste an der Tagesordnung gewesen zu sein scheinen. Jeder Unterthan war verpflichtet, ihm bekannt gewordene Übertretungen zur Anzeige zu bringen, und wurde dafür mit einem Teil des Strafgeldes belohnt. Abgesehen von den entsittlichenden Wirkungen dieser Bestimmung war die strenge und harte Schule wohl geeignet, eine rückständige und schwerfällige Bevölkerung zur Arbeit und Umsicht zu erziehen. Gerade auch das Scharwerk mochte für die vierzehnjährigen Jungen, die zum erstenmal dann aufserhalb des Bauernhofes arbeiteten, aber auch für manchen älteren Burschen von erziehlichem Wert gewesen sein. Dafs die Bevölkerung selbst so empfand, zeigt Tribukeits Schilderung des Scharwerks[1]: „War im Frühjahr der Acker möglichst trocken, so mufste im Vorwerk Rösenigken das Sommerfeld bestellt, gepflügt und geeggt werden. Es zogen dann aus Christiankehmen 15 Jungen mit je 4 Pferden und 2 Eggen nach Rösenigken. Fünfzehn Zöche mit den Knechten folgten. Dann wurde munter gepflügt, geeggt und gesät. Hinter allen diesen Arbeitern und Gespannen stand zunächst der Amtmann als Pächter der Domäne, sodann dessen Inspektor, der Kämmerer und zuletzt der Schulze. Jeder sah darauf, dafs ordentlich gearbeitet wurde und jeder hatte einen Kantschuh zur Hand. Wehe dem, der sein Geschirr, seine Zöche oder seine Egge nicht in gutem Stande hatte oder seine Arbeit nicht gut verrichtete. Der Kantschuh besorgte sofort alles! Da lernte denn jeder gut und schnell arbeiten.“ Gegenüber diesem Idealbild einer

[1] Tribukeit, Seite 3 und 4.

handgreiflichen Erziehung, wie es Tribukeit entwirft, wird man doch darauf aufmerksam machen müssen, dafs kaum immer die Grenzen einer gesunden Züchtigung innegehalten sein werden, wie es bei der häufigeren Ausübung eines derartigen Amtes nur zu natürlich ist, vor allem, dafs aber diese Zeit bei der Anwendung körperlicher Strafen keinen Unterschied kannte zwischen jugendlichen und älteren Personen, zwischen dem einfachen Arbeiter und dem Waldwart, der diesen zu beaufsichtigen hatte. Das geschah nicht etwa nur unter besonders strengen Herren, auch anerkannt menschenfreundliche Gutsherren verfuhren darin nicht anders. In dem Schreiben eines durch seine Milde allgemein bekannten Gutsherrn an seinen Pächter heifst es bezüglich eines älteren Jägers: „Dem Just machen Sie bekannt, dafs, wenn er sich nicht nüchtern erhalten, den Wald in Acht nehmen, mit seinen Nachbaren Frieden halten, und überhaupt Ihren Befehlen gehorsam sein würde, so würden Sie ihn das erstemal mit Gefängnis, das zweite Mal mit Schläg bestrafen, und wenn dennoch die Besserung ausbleibe, so würde er kassiert. Und dieses erfüllen Sie auch, bei dem ersten groben Excefs 48 Stunden Arrest bei Wasser und Brot, das zweite Mal 10 Prügel.“ Ein derartiges Verfahren mufste entschieden da sittlich verwirrend wirken, wo Kinder ihre Eltern, Untergebene ihren Vorgesetzten so behandelt sahen. Es sind dies die Schattenseiten eines Verhältnisses, das im ganzen dem damaligen Kulturzustand der ländlichen Bevölkerung durchaus angepafst war. Ein enges und lebendiges Gemeinschaftsleben half den Dorfbewohnern über manche wirtschaftliche Misere hinweg, und aus Sitten, Gebräuchen und Liedern, auf die näher einzugehen der Zweck dieser Arbeit verbietet, sprach nicht der dumpfe Groll und die Verzweiflung schwer gedrückter Klassen, sondern ein beschaulicher Sinn und eine stets heitere Fröhlichkeit[1].

---

[1] Eine äufserst anziehende Schilderung der Sitten und Gebräuche, sowie des dörflichen Gemeindelebens überhaupt findet sich recht ausführlich bei Tribukeit.

Zweites Kapitel.

Der gutsherrliche Grofsbetrieb während der Jahre 1770—1806.

War es bei der Beurteilung der wirtschaftlichen Lage und der socialen Gliederung der Dorfbewohner notwendig, zunächst eine Vorstellung von den Einzelwirtschaften zu erhalten, so werden sich die Verhältnisse der Beamten und Unterthanen des gutsherrlichen Grofsbetriebes erst dann klar genug verstehen lassen, wenn wir uns die Organisation desselben in seinen Hauptzügen vergegenwärtigt haben. Bis ins einzelne die Technik des Grofsbetriebs zu verfolgen und die genaue Entwicklung eines Gutes, nach lediglich landwirtschaftlichen Gesichtspunkten, einer Prüfung zu unterziehen, war bei dem spärlichen Material nicht möglich. Regelmäfsige Getreideregister und Tabellen über Viehzucht und den Verkauf von Tieren beginnen erst mit den siebziger Jahren bei einzelnen Gütern. Aus der früheren Zeit sind lediglich Pachtkontrakte und Anschläge vorhanden, die natürlich die wirklichen Verhältnisse nur andeuten. Ein aus dem Jahre 1780 erhaltenes Aktenverzeichnis der Herrschaft Angerapp, die die frühesten Anfänge einer schriftlich fixierten, geordneten Wirtschaftsführung aufweist, zeigt deutlich, dafs in der That vor den siebziger Jahren regelmäfsige Aufzeichnungen nicht stattfanden oder wenigstens nicht aufbewahrt wurden. Es hätte nun vielleicht nahe gelegen, von diesem späten Zeitpunkte an die Entwicklung eines Gutes durchzuführen, aber auch diese Absicht mufste infolge grofser Lücken, die sich aus der zeitweisen Verpachtung der einzelnen Güter erklärten, zum Teil auch deswegen aufgegeben werden, weil mit der Kriegsperiode von 1807—15 ein chaotischer Zustand hereinbrach, der alle Zusammenhänge im Wirtschaftsleben vernichtete.

Es war daher nur möglich, die allgemeinen Züge der Entwicklung des landwirtschaftlichen Grofsbetriebes für gröfsere

Zeiträume festzustellen und ein möglichst umfassendes Material für diesen Zweck heranzuziehen. Da von etwa 28 Gütern und Vorwerken verschiedenster Bodenqualität und geographischer Lage Nachrichten vorhanden waren, so darf das im Folgenden skizzierte Bild, namentlich für die Zeit um 1800, Anspruch auf eine gewisse Allgemeingültigkeit für diese Gegenden machen. Aufserordentlich zahlreich, zum Teil auch aus der Zeit vor 1770, waren die Nachrichten über die Beamten und Unterthanen der Güter. Vor allem wird sich auch das eigentümliche Wirken des absoluten Staates auf die damalige Landwirtschaft in seinen Vorzügen und Fehlern klar legen lassen.

Wenn wir uns nun zum Ackerbau, als dem Hauptgebiete der Landwirtschaft des 18. Jahrhunderts wenden, so müssen wir von vorneherein feststellen, dafs eine merkbare Steigerung der Ertragsfähigkeit der verschiedenen Getreidearten erst mit dem, um 1790 sich vollziehenden, Übergang von der Dreifelder- zur Mehrfelder- und Koppelwirtschaft zu erfolgen schien. Die nachfolgende Tabelle zeigt die veränderten Anbau- und Ertragsverhältnisse eines Gutes in den Jahren 1708 und um 1806.

Angabe in Prozenten der gesamten Aussaat und des gesamten Ertrages:

	Aussaat:		Ertrag:		Korn:	
	1708	um 1806	1708	um 1806	1708	um 1806
Weizen	1,92 %	0,81 %	1,84 %	0,98 %	3	6
Roggen	42.63 %	38,93 %	40,80 %	44,87 %	3	5,7
Gerste	11,14 %	10,84 %	14,22 %	11,82 %	4	5,4
Hafer	42,24 %	45,62 %	40,46 %	38,47 %	3	4,2
Erbsen	2,07 %	3,79 %	2,65 %	3,68 %	4	5,1

Roggen und Hafer machen zusammen über 4/5 der Aussaat und des Ertrages während des ganzen 18. Jahrhunderts aus. Eine starke Steigerung des Körnerertrags ist nur bei Weizen und Roggen festzustellen und kommt lediglich auf Rechnung der Thatsache, dafs das Hauptgut um 1806 bereits zu einer Sechsfelderwirtschaft übergegangen ist. Solange die Dreifelderwirtschaft angewendet wurde, schwanken die Erträge zwischen 3 und 5 Körnern. Das zeigen die Güter Klein-Gnie 1770 und Angerapp noch im Jahre 1791. In Klein-Gnie wird von Roggen, Gerste und Erbsen das vierte, von Hafer 3½ Körner gebaut. Angerapp weist beim Weizen 4,71, Roggen 4,08, Gerste 4,82 und beim Hafer 3,53 Körner auf. Ähnlich liegen die Verhältnisse in dem masurischen Steinort. In den Vorwerken Grofs- und Klein-Steinort bringen während der Jahre 1740—42 der Weizen durchschnittlich 2½—3 Körner, der Roggen etwas über 3, Gerste gegen 4, Hafer über 3 und Erbsen über 4 Körner; nicht wesentlich verschieden davon sind die Angaben über den Ertrag derselben Güter im Jahre 1768; auch für die zugekauften Güter Resau und Gr. Guya läfst sich für die Jahre 1788 und 1791 dasselbe feststellen. Dagegen zeigt der kurze Zeitraum von 1770—1806, im Falle der Einführung der Koppelwirtschaft, auf den betreffenden Gütern eine ungeheuer gesteigerte Ertragsfähigkeit, so z. B. bei Klein-Gnie.

Angabe in Prozenten der gesamten Aussaat und des gesamten Ertrages:

	Aussaat:		Ertrag:		Korn:	
	1770	um 1806	1770	um 1806	1770	um 1806
Weizen	lohnt nicht	8,7 %	—	12,94	—	10
Roggen	41,85 %	26,41 %	43,88 %	34,73 %	4	8,9
Gerste	17,82 %	9,66 %	18,68 %	8,65 %	4	6,0
Hafer	36,98 %	51,69 %	33,92 %	40,47 %	3½	5,63
Erbsen	3.36 %	3,54 %	3,53 %	3,20 %	4	6

Nach diesen Andeutungen über die Entwicklung der Produktionsfähigkeit des Getreidebaus während des 18. Jahrhunderts vermag nachfolgende Tabelle, die ein Material von 28 Gütern und Vorwerken umfafst, einen tieferen Einblick in die Anbauverhältnisse zu Anfang des 19. Jahrhunderts zu gewähren. Der Durchschnitt an Aussaat, Ertrag und Korn betrug demnach.

(Siehe Tabellen auf Seite 36 und 37.)

Angabe in Prozenten der gesamten Aussaat und des gesamten Ertrages.

	Aussaat:	Ertrag:	Korn:
Weizen . . .	6,8 %	9,8 %	8,2
Roggen . . .	34,2 %	40,3 %	6,8
Hafer	42,9 %	34,0 %	4,6
Gerste . . .	12.8 %	12,8 %	5,8
Erbsen . . .	3,0 %	2,8 %	5,5
Bohnen . . .	0,3 %	0,3 %	5,6

Roggen und Hafer machen zusammen ¾ der gesamten Aussaat und des Ertrages aus.

Die Aussaatmenge betrug pro kullmischen Morgen bei Weizen und Roggen 2½ Scheffel, bei Hafer 3, bei Gerste 2½—3, bei Erbsen 2¼—3 Scheffel. Die Betriebsform war bei 12 Gütern die Dreifelderwirtschaft, bei 2 die Vierfelderwirtschaft, bei 4 Gütern waren die Felder in 5, bei je 1 in 6 und 8, bei 6 in 9, bei 2 in 11 Koppeln geteilt. Einige Beispiele mögen die Fruchtfolge in den vorherrschenden Koppelwirtschaften klarlegen.

Das Vorwerk Glafshütte zeigt in seiner Fünfkoppelwirtschaft folgende Fruchtfolge:

I. Koppel Brache 30 Morgen kullmisch.

II. - getüncht. Erste Tracht zu Weizen, 7 Morgen. 8 Morgen zu Roggen. 15 Morgen dritte Saat zu Roggen.

III. - 15 Morgen zweite Saat zu Hafer und Klee.

	Weizen				Roggen				Hafer			
	Aussaat		Ertrag		Aussaat		Ertrag		Aussaat		Ertrag	
	Scheffel	Metze	Scheffel	Metze	Scheffel	Metze	Scheffel	Metze	Scheffel	Metze	Scheffel	Metze
Kl.-Beynuhnen . .	—	—	—	—	163	—	923	8	130	—	584	8
Angerau	15	—	105	—	124	8	738	12	95	8	421	—
Ocznagorren . . .	20	—	140	—	96	12	560	8	95	—	405	—
Milchbude . . .	7	8	37	8	61	4	224	6	41	12	146	2
Auerfluſs	—	—	—	—	117	8	647	8	69	—	276	—
Mikalbude . . .	—	—	—	—	165	12	933	—	110	—	512	—
Dombrowken . .	30	—	240	—	225	—	1800	—	153	—	918	—
Rosenau	—	—	—	—	92	—	925	—	—	—	—	—
Friedrichsruhe . .	11	11	93	8	37	8	300	—	41	—	246	—
Kl.-Gnie	54	11	546	14	164	1	1465	10	321	14	1707	8
Neusorge	21	14	218	12	55	$12\frac{1}{2}$	490	—	66	15	413	7
Gr.-Gnie	54	11	546	14	170	$10\frac{1}{2}$	1531	9	318	15	1719	4
Neuastrawischken	35	—	280	—	109	8	735	—	117	—	528	—
Reimerischken . .	17	8	140	—	52	2	362	6	62	6	308	14
Trenkensruhe . .	7	8	45	—	41	4	281	4	46	8	220	8
Mauenwalde . . .	30	—	240	—	168	—	1128	—	180	—	864	—
Gr.- u. Kl.-Eiserwagen . . .	37	8	300	—	137	8	950	—	198	—	837	—
Damerau	30	—	240	—	60	—	415	—	168	—	654	—
Richau	20	—	120	—	20	—	120	—	246	—	798	—
Kl.-Mauen . . .	12	8	100	—	37	8	250	—	96	—	384	—
Frilinde . . .	22	8	180	—	67	8	450	—	171	—	648	—
Koppershagen . .	86	$10\frac{2}{3}$	693	$5\frac{1}{3}$	44	12	239	—	26	—	216	—
Launicken . . .	—	—	—	—	116	4	697	—	293	12	1191	4
Friedrichsfelde . .	9	—	54	—	121	—	661	8	85	2	349	12
Neusorge	—	—	—	—	94	—	525	—	88	14	402	2
Jurgutschen . . .	—	—	—	=	100	—	580	—	38	—	170	—
Nagurren	30	—	240	—	160	—	1090	—	192	—	924	—
Glaſshütte . . .	17	8	140	—	57	8	385	—	129	—	561	—
	571	$1\frac{2}{3}$	4700	$13\frac{1}{3}$	2861	2	19408	15	3590	10	16405	5

	Gerste				Erbsen				Bohnen			
	Aussaat		Ertrag		Aussaat		Ertrag		Aussaat		Ertrag	
	Scheffel	Metze	Scheffel	Metze	Scheffel	Metze	Scheffel	Metze	Scheffel	Metze	Scheffel	Metze
Kl.-Beynuhnen . .	64	8	322	8	—	—	—	—	—	—	—	—
Angerau	60	—	360	—	10	—	60	—	—	—	—	—
Ocznagorren . . .	30	—	150	—	15	—	75	—	—	—	—	—
Milchbude . . .	15	—	52	8	11	4	45	—	—	—	—	—
Auerfluſs	69	—	345	—	—	—	—	—	—	—	—	—
Mikalbude . . .	72	—	360	—	18	—	90	—	—	—	—	—
Dombrowken . .	127	8	765	—	—	—	—	—	—	—	—	—
Rosenau	92	8	740	—	—	—	—	—	—	—	—	—
Friedrichsruhe . .	15	—	90	—	—	—	—	—	—	—	—	—
Kl.-Gnie	60	15	365	10	22	8	135	—	—	—	—	—
Neusorge	24	6	146	4	—	—	—	—	—	—	—	—
Gr.-Gnie	59	6	356	4	25	14	135	4	—	—	—	—
Neuastrawischken	38	8	192	8	12	8	75	—	—	—	—	—
Reimerischken . .	—	—	—	—	7	8	45	—	10	—	50	—
Trenkensruhe . .	11	—	66	—	—	—	—	—	—	—	—	—
Mauenwalde . .	16	8	82	8	15	—	90	—	—	—	—	—
Gr.- und Kl.-Eiserwagen	41	4	247	8	12	8	75	—	7	8	45	—
Damerau	33	—	198	—	—	—	—	—	7	8	45	—
Richau	16	8	66	—	—	—	—	—	—	—	—	—
Kl.-Mauen . . .	8	4	49	8	—	—	—	—	—	—	—	—
Frilinde	16	8	99	—	7	8	45	—	—	—	—	—
Koppershagen . .	66	$4\frac{2}{3}$	392	4	28	$5\frac{1}{3}$	170	—	—	—	—	—
Launicken . . .	36	—	180	—	7	8	37	8	—	—	—	—
Friedrichsfelde . .	39	—	195	—	15	—	75	—	—	—	—	—
Neusorge	—	—	—	—	10	—	50	—	—	—	—	—
Jurgutschen . . .	45	13	274	14	10	—	50	—	—	—	—	—
Nagurren	61	8	99	—	15	—	90	—	—	—	—	—
Glaſshütte	—	—	—	—	5	—	30	—	—	—	—	—
	1075	$4\frac{2}{3}$	6195	4	248	$7\frac{1}{3}$	1372	12	25	—	140	—

2 Morgen vierte Saat zu Erbsen. 13 Morgen vierte Saat zu Hafer.

IV. Koppel 15 Morgen Kleewiese, 15 Morgen Weide.

V. - 8 Morgen Weide. 7 Morgen Wickfutter. 15 Morgen fünfte Saat zu Hafer.

Am Vorwerk Koppershagen lernen wir eine Neunkoppelwirtschaft kennen:

I. Koppel $23^1/_2$ Morgen kullmisch Brache.

II. - $23^1/_2$ Morgen getüncht erste Tracht zu Weizen.

III. - zweite Tracht Gerste mit Klee $23^1/_2$ Morgen.

IV. - $23^1/_2$ Morgen Wiese.

V. - $23^1/_2$ Morgen Weide.

VI. - $23^1/_2$ Morgen Weide.

VII. - { $11^1/_2$ Morgen Mistbrache. 12 Morgen magere Brache. }

VIII. - $11^1/_2$ Morgen getüncht zu Weizen erste Tracht, 12 Morgen dritte Tracht Roggen.

IX. - $11^1/_2$ Morgen zweite Tracht zu Erbsen, Bohnen und Gerste. 12 Morgen vierte Tracht zu Hafer.

Auf dem zweiten Hauptgebiete der Landwirtschaft, in der Viehzucht, sind bezüglich der Rindviehzucht sogar bis 1830 keine Fortschritte hervorgetreten, dagegen beginnt nach dem Jahre 1815 ein bedeutsamer Aufschwung in der Schaf- und Pferdezucht, worüber weiter unten gehandelt werden wird.

Während des 18. Jahrhunderts lag die Rindviehzucht nicht direkt in den Händen des Gutsherrn, sondern in den eines Unternehmers, des sogenannten Hofmannes, der für jede Kuh eine bestimmte Pacht zahlte. Diese, die um 1708 4 Thaler betrug, erfuhr bis zum Anfange des 19. Jahrhunderts eine Erhöhung auf durchschnittlich 8 Thaler 14 Groschen pro Kuh; zu Steinort wurden 1746 4 Thaler 40 Groschen, zu Resau und Grofs-Guja 1791 4 Thaler gezahlt. Von den Kälbern mufste der Hofmann eine bestimmte Anzahl, etwa $^1/_4$ jährlich, unentgeltlich abliefern; wurden mehr verlangt, so erhielt er pro Stück 4 Thaler, oder ihm stand der Verkauf derselben zu, und er bezahlte dann für jedes abgesetzte 2—4 Thaler an den Gutsherrn. Die Herde war in ihrer Leistungsfähigkeit zu erhalten, und eine bestimmte Anzahl alter Kühe durch junge jährlich zu ersetzen. Über die Anzahl der Kühe wird sich schwer etwas Genaueres feststellen lassen; während auf den 28 v. Farenheidschen Vorwerken sich pro kullmische Hufe 1,74 Kühe finden und etwa einhalb soviel Jungvieh, weisen die Steinorter Güter pro Hufe kullmisch im Jahre 1793 $2^1/_2$ Kühe, 1 Pferd, $^3/_4$ Ochsen und $3^2/_3$ Schafe auf. Das Nutzvieh befand sich hier in der Regel auf den Vorwerken, während das Arbeitsvieh auf dem Hauptgute eingestellt war. Weit lohnender als die Einnahmen aus der Kuhpacht, scheint der Gewinn aus dem Verkauf von Mastochsen gewesen zu sein. Zur Mästung wurden in erster Linie die Bragen der Brennereien benutzt. Die Preise waren um die Jahrhundertwende recht erhebliche, sie schwankten zwischen 42 und 75 Thaler und betrugen im Durchschnitt 50—60 Thaler. In der Hauptsache waren es die ausgedienten Arbeitsochsen, die fett gemacht wurden. Die Schafzucht wurde nur auf wenigen Gütern in gröfserem Mafsstabe betrieben, und zwar fast nur mit den gewöhnlichen Landschafen. Im allgemeinen hielt die Herrschaft nur 20—30 Tiere als Schlachtvieh, für die der Schäfer am Anfang des 18. Jahrhunderts 24 Groschen, zu Steinort 1746 21 Groschen, und am Anfang des 19. Jahrhunderts 60 Groschen pro Stück Pacht zahlte.

Erst mit dem Eingreifen des Staates in den zwanziger Jahren beginnt ein bedeutsamer Aufschwung der Schaf- und ebenso der Pferdezucht, welche letztere, von einigen für die Allgemeinheit bedeutungslosen Versuchen abgesehen, in der hier zu behandelnden Periode sich lediglich mit der Aufzucht von Arbeitstieren beschäftigte. Ziegen, die wir am Anfange des 18. Jahrhunderts wenigstens in beschränkter Menge antreffen, finden sich um 1800 weder im gutsherrlichen noch im bäuerlichen Betriebe. Es ist anzunehmen, dafs sie in der weiter zurückliegenden Zeit die Stelle von Kühen bei den Gutsunterthanen vertreten haben. Die Schweinezucht beschränkte sich, wie die Schafzucht, in der Regel auf den gutsherrlichen Bedarf an Schlachtvieh. Ganz gering war die Federviehhaltung, sehr erklärlicherweise, da der wirtschaftliche Bedarf des Gutsherrn in dieser Hinsicht völlig durch die Lieferungen der Bauern gedeckt war. Über das sehr stark vertretene Leutevieh soll im Zusammenhang mit der Betrachtung der Verhältnisse der einzelnen Gutsunterthanen gehandelt werden. Eine ungefähre Vorstellung von der Stärke des Arbeitsviehs kann der Hinweis geben, dafs man auf 60 Scheffel Wintersaat ein Gespann Pferde und auf 30 Scheffel eine Zoche Ochsen rechnete. Während des Sommers hielt sich das Vieh lediglich auf der Weide auf, an Winterfutter wurden auf 1 Pferd 32 Centner Heu, 1 Ochsen oder Kuh 16, einen Bullen 16 Centner Heu und 8 Centner Klee, 1 Stück Jungvieh 8 Centner Heu, einen Mastochsen, falls er keine Brage erhielt, $21^{1}/_{3}$ Centner Heu und ebenso viel Klee angenommen. Die Durchschnittspreise während der Zeit von etwa 1790 bis 1806 betrugen für 5—6jährige Arbeitspferde 35—40 Thaler, 9—13jährige 25 Thaler, Füllen etwa 17 Thaler; 3—6jährige Ochsen kosteten im Durchschnitt 15 Thaler, Kühe 9—11 Thaler, Stärken 6 Thaler, Kälber 3 Thaler, Bullen 20—30 Thaler, alte Schweine 3—4 Thaler, Ferkel je nach dem Alter 15—60 Groschen, alte Schafe $1^{1}/_{2}$ bis $2^{1}/_{2}$ Thaler. Ziehen wir die Werte, die sich für die Periode 1720—1746 für das Vieh auf den Steinorter Gütern ermitteln liefsen, und die sich für

Pferde auf 5—6 Thaler, Ochsen 7—8 Thaler, Bullen 6—7 Thaler, Kühe etwa 4—5 Thaler, Jungvieh 2 Thaler, ausgewachsene Schweine 60 Groschen — 1 Thaler, Schafböcke 1 Thaler, Schöpsen und Mutterschafe 60 Groschen, Lämmer 24 Groschen stellten, zum Vergleich heran, so ergiebt sich für alle Tierarten, in erster Linie aber für Pferde, eine gewaltige Preissteigerung.

Wir wenden uns jetzt den beiden ältesten landwirtschaftlichen Gewerben, der Brauerei und Brennerei zu, die hier außerordentlich stark vertreten sind. Nachfolgende Tabelle giebt einen Überblick über die Produktion in diesen beiden Zweigen zu Anfang des neunzehnten Jahrhunderts in den schon erwähnten 28 Gütern.

Brauerei:

	Inneres Debit			Außeres Debit			Tafelbier					
	Anzahl der Tonnen	Preis à Tonne ß	Summa ß	Anzahl der Tonnen	Preis à Tonne ß	Summa	Anzahl der Tonnen	Preis à Tonne Thl.	Preis à Tonne Gr.	Summa ß	Summa Thl.	Summa Gr.
Kl.-Beynuhnen .	397	1½	595½	67	1	67	464	3	13¹/₉	19	30	
Dombrowken .	120	„	180							5	36	
Gnie	305	„	457½	30	„	30	335	„	„	13	86	4½
Neuastrawischken	130	„	195				130	„	„	5	37	9
Eiserwagen . .	170	„	255	20	„	20	190	„	„	7	82	9
Koppershagen .	100	„	150							4	15	
Launicken . .	206	„	309	22	„	22	228	„	„	9	45	
Nagurren . . .	76	„	114				76	„	„	3	15	
Summa	1504		2256	139		139				68	77	4½

Brennerei:

	Inneres Debit			Außeres Debit		
	Anzahl der Ohm	Preis à Ohm ß	Summa ß	Anzahl der Ohm	Preis à Ohm ß	Summa ß
Kl.-Beynuhnen	92	5	460	11	2½	27½
Dombrowken	45	„	225	5	4	20
Gnie	63	6	378	5	3	15
Neuastrawischken	36	„	216	—	—	—
Eiserwagen . . , . . .	70	„	420	3	„	9
Koppershagen	30	„	180	100	2	200
Launicken	60	„	360	9	3	27
Nagurren	14¹/₆	„	85	—	—	—
Summa	410¹/₆		2304	133		298½

Auf sämtlichen 8 Hauptgütern fanden sich also beide Gewerbe vertreten; nehmen wir die 22 Vorwerke hinzu, so betrug die Produktion an Bier 54,8 Tonnen pro Gut oder Vorwerk, an Branntwein 18,1 Ohm. Sehr bemerkenswert erscheint der Umstand, dafs die Unterthanen gezwungen wurden, für Bier das anderthalbfache, für Branntwein sogar das Doppelte des Marktpreises zu zahlen. Bezüglich des Konsums beider Getränke seitens der ländlichen Bevölkerung werden genaue Angaben schwierig, ein ungefähres Bild aber immerhin möglich sein. So wurden in den Krügen Angerapp, Medunischken und Stibircken, zu denen die Vorwerke Angerapp, Medunischken, Paulsdorf, Sodarren und das Dorf Stibircken mit einer Einwohnerschaft von 439 Köpfen gehörten, während der Jahre 1784—89 173, 5 Tonnen Bier und 6172,5 Stof Branntwein jährlich ausgeschenkt, was einem Konsum von 0,395 Tonnen Bier und 14,06 Stof Branntwein pro Kopf entspricht. Bei dem geringen Verkehr der damaligen Zeit, der sich auf die Holz- und Getreidefuhren der Bauern in der Hauptsache beschränkte, mögen diese Zahlen nicht zu sehr von den wirklichen Verhältnissen abweichen. Weniger häufig als Brauerei und Brennerei treffen wir Ziegeleien an. Der Gewinn aus ihnen fiel nicht sehr ins Gewicht, da der Bedarf ein geringer war. Bezahlt wurden Mauersteine zu Anfang des 19. Jahrhunderts das Tausend mit 10 Thalern, Dachsteine und Bieberschwänze mit 12 Thlrn. Die Produktionskosten, aus Arbeitslohn und dem Preis des Brennmaterials bestehend, beliefen sich auf 4—5 Thlr., so dafs ein Überschufs von 5—8 Thlrn. erzielt wurde; 1790 wurden Ziegel mit 6 Thlrn. das Tausend bezahlt; der Gewinn betrug 2¹/₃ Thlr.

Gering waren auch die Einnahmen aus Gärten und Bienenzucht. Bienenstöcke finden sich zwar überall auf den Gütern, in der Hauptsache decken sie jedoch nur den eigenen Bedarf, ebenso in den meisten Fällen die stets vorhandenen Karpfenteiche. Die Haupteinnahmequellen waren also der Verkauf von Getreide und Vieh. Von Wiesen und Klee, der letztere wurde seit 1786 auf den Angerapper Gütern, im allgemeinen aber erst in den neunziger Jahren angebaut, fand ein Verkauf der gewonnenen Futtermittel nur ausnahmsweise statt, da im Falle reichlichen Winterfutters Ochsen zur Mast angekauft wurden.

Wir gehen jetzt zu einer Betrachtung der **Organisation** der Güter unter genauer Berücksichtigung der Leuteverhältnisse über.

Die Verwaltung der Güter, soweit sie nicht verpachtet waren, was die Regel zu sein pflegte, geschah durch einen Administrator [1], unter dem auf dem Hauptgute ein oder meh-

---

[1] Die Verwaltung kleinerer Vorwerke lag oft in den Händen von Arrendatoren oder Hofleuten; erstere trugen mehr den Charakter eines

rere Kämmerer standen, während die Vorwerke je einem Kämmerer unterstellt waren. Besafs der Grundherr einen gröfseren Güterkomplex, so standen ihm sogenannte Kontrolleure und mehrere Schreiber zur Seite. An Gehalt erhielt in den neunziger Jahren ein Administrator 150 Thlr., dazu kamen an Deputat 40 Scheffel Roggen, 3 Scheffel Weizen, je 4 Scheffel Gerste, Hafer und Erbsen, 8 Tonnen Bier, für 2 Pferde täglich 4 Metz Hafer und 16 Pfund Heu, freie Weide und Futter für eine Fohlenstute, 2 Fohlen, 3 Kühe, 6 Schafe; 12 Scheffel Bohnen zur Mast für 4 magere Schweine, schliefslich 300 Quadratruten Gartenland und freie Wohnung nebst Holz. Sein Einkommen wurde auf 284 Thlr. und 66 gr. angenommen, ein gewaltiger Fortschritt gegenüber den Einnahmen eines Administrators der Launicker Güter im Jahre 1708, der an Gehalt 90 Gulden und ein Deputat im Werte von 87 Gulden und 25 gr. erhielt, in Summa 177 Gulden und 25 gr. Dies trifft auch zu selbst unter Berücksichtigung der verminderten Kaufkraft des Geldes und der gestiegenen Getreidepreise, die sich beim Weizen von 50 auf 75, beim Roggen von 30 auf 60, bei der Gerste von 25 auf 45, beim Hafer von 15 auf 30 gr. erhöht hatten. Ein Schreiber erhielt in den neunziger Jahren an Lohn 24 Thlr., an Deputat 1 Scheffel Weizen, 9 Roggen, 2 Gerste, 1 Hafer, 2 Erbsen und 4 Tonnen Bier. Im Laufe der Jahre steigerte sich der Lohn, erreichte oft 50 Thlr. Das bare Gehalt der Kämmerer schwankte zwischen 12 und 21 Thlr., betrug im Durchschnitt 18 Thlr. An Deputat erhielten sie in der Regel 1 Scheffel Weizen, 18—21 Roggen, 2—4 Gerste, 5—8 Hafer, 2 Erbsen und eine Tonne Bier. Freie Weide wurde ihnen gewährt, häufig für ein Pferd, stets für 2 Kühe, 1 Stück Jungvieh, 6 Schafe und 6 Schweine. Vergleichen wir damit Gehalt und Deputat eines Kämmerers aus dem Jahre 1708, die zusammen dem Wert von 79 Scheffel Korn entsprachen, während hier Gehalt und reine Naturalien höchstens den Wert von 50—60 Scheffel Roggen haben, so kann von einer Besserung des Einkommens nicht die Rede sein. Da jedoch in den Naturalien von 1708 ein gemästetes Schwein und ein Märzschaf einbegriffen sind, was den Schlufs nahelegt, dafs damals aufser einer Kuh kein anderes Vieh von diesen Leuten gehalten werden durfte, so wird man auch nicht mit Bestimmtheit von einem Herabsinken der Einkommensverhältnisse der Kämmerer reden können.

Bevor wir nun zu den Angestellten in den landwirtschaftlichen Gewerben und Nebenbetrieben kommen, wird eine Besprechung der Verhältnisse der eigentlichen Handarbeiter, der

---

Pächters, während letztere, namentlich in älterer Zeit, mehr Beamte gewesen zu sein scheinen.

Instleute oder Gärtner und der Knechte notwendig. Hier gilt es zunächst, auf das zahlenmäfsige Verhältnis einzugehen, um eine Auseinandersetzung mit der Anschauung zu ermöglichen, die in der Hauptsache einen ländlichen Arbeiterstand vor der Bauernbefreiung leugnet und folgerichtig die Hauptmasse der Arbeit auch auf den Gütern von den Bauern verrichtet glaubt.

Es ist bereits in dem Kapitel über die Dorfbewohner darauf hingewiesen worden, dafs sich in den Dörfern ein starker Stamm ländlicher Arbeiter, etwa 50 % der Bauern, befindet, der in der Hauptsache auf die Arbeit in Forsten und auf Gütern angewiesen war; wir geben jetzt eine Übersicht über die Zahl der Instleute, Bauern und Losleute, soweit sich alle drei Kategorien für zusammenhängende Guts- und Dorfkomplexe feststellen liefsen.

A. Die Beynuhner Güter.

		Bauern	Losleute	Instleute
Güter:	Kl.-Beynuhnen .	—	—	10
	Angerau . . .	—	—	8
	Ocznagorren .	—	—	5
	Milchbude . .	—	—	2
	Auerflufs . . .	—	—	5
	Mikalbude . .	—	—	5
	Medunischken .	—	—	7
	Gr.-Sunkeln . .	—	—	13
Dörfer:	Gr.-Beynuhnen .	14	6	—
	Kowarren . . .	9	6	—
	Medunischken .	18	8	—
	Sauskojen . . .	12	6	—
	Skirlacken . .	16	8	—
	Gr.-Sobrost .	16	10	—
	Kl.-Sobrost . .	9	7	—
	Thalau	9	9	—
	Fritzendorf . .	—	3	—
		103	63	55

B. Die Dombrowker Güter.

		Bauern	Losleute	Instleute
Güter:	Dombrowken . .	—	—	12
	Rosenau	—	—	6
	Friedrichsruhe . .	—	—	3
Dörfer:	Kermuschinen . .	14	8	
	Rossossen	10	6	
		24	14	21

C. Die Herrschaft Gnie.

		Bauern	Losleute	Instleute
Güter:	Kl.-Gnie	—	—	7
	Neusorge	—	—	8
	Gr.-Gnie	—	—	13
Dörfer:	Christophsdorf	13	1	—
	Lehnkendorf	7	1	—
	Gr. und Kl.-Dwillin	9	6	—
	Friedrichsfelde	6	2	—
		35	10	28

D. Die Angerapper Güter,

		Bauern	Losleute	Instleute
Güter:	Angerapp	—	—	3
	Medunischken	—	—	10
	Paulsdorf	—	—	9
	Sodarren	—	—	2
	Sargen	—	—	4
Dörfer:	Stibircken	6	7	—
	Szabienen	12	2	—
	Schupowen	2	?	—
	Jotschin	6	?	—
		26	9	28

E. Gut Mauenwalde.

	Bauern	Losleute	Instleute
Gut Mauenwalde	—	—	7
Dorf Schneiderin	13	2	—

Diese Tabelle, die 20 Güter, zu denen 20 Dörfer gehören, umfafst, weist 201 Bauern, 98 Losleute und 139 Instleute auf oder in Prozent 46 % Bauern, 22 % Losleute und 32 % Instleute. Zählen wir Losleute und Instleute zusammen, so überwiegt die Anzahl der Arbeiterbevölkerung die der Bauern nicht unbeträchtlich[1]. Dabei ist das Gesinde, insbesondere die starke Anzahl der verheirateten Knechte auf den Gütern, nicht berücksichtigt worden, obwohl sie sich in einer ganz ähnlichen Stellung wie die Instleute befanden. Um für die Verbreitung des Gesindes ein Beispiel anzuführen, so befanden sich auf den Beynuhner Gütern und Vorwerken 44 Knechte und 36 Mägde. In dem masurischen Steinort überwiegt 1795 die Zahl der Bauern mit 86 noch die der Inst- und Losleute

[1] Es ist das Verdienst der Untersuchungen Kerns, nachgewiesen zu haben, dafs der Ursprung beider Klassen der ländlichen Arbeiterbevölkerung zurückzuführen ist bis zum Anfang des 15. Jahrhunderts. Eine scharfe Scheidung beider Klassen scheint für die frühere Zeit schwer durchführbar zu sein, die Namen wechseln häufig. Auch die ländlichen Arbeiter haben nach Kern erst allmählich ihre freie Stellung verloren.

mit 75. Hier sind die Bauern im ganzen stärker mit Fronden belastet, daher ist das Bedürfnis nach Arbeitern noch geringer. Eine Zunahme in der Zahl der Arbeiter gegenüber der Anfangszeit des 18. Jahrhunderts ist aber bereits erfolgt. Sie läſst sich, da die Belastung der Bauern seit 1713 dieselbe blieb, lediglich auf die Bevölkerungszunahme und weitere Inkulturnahme von Öd- und Waldland zurückführen[1].

Es hat also im mittleren Ostpreuſsen, wohin auch Steinort gerechnet werden muſs, bereits vor der Bauernbefreiung einen starken ländlichen Arbeiterstand gegeben. Damit erledigt sich auch die Behauptung, daſs die Arbeit auf den Gütern in der Hauptsache von Bauern geleistet wurde, es trifft dies nicht einmal für die Spanndienste zu. So wurden auf dem Vorwerk Gr.-Gnie, auf dem 6 Bauern aus Friedrichsfelde und 7 aus Lehnkendorf ihr Scharwerk zu leisten hatten, von diesen nur 44 Pflugtage und 104 Spanntage verrichtet, während die Vorwerkstiere 1052 Pflug- und 447 Spanntage leisteten. Auf der Steinorter Begüterung wurden 1793/94 1465 Scheffel Winter- und 1589 Scheffel Sommergetreide ausgesät, wovon die 81 Bauern nur zur Bestellung von je 486 Scheffel Winter und Sommergetreide herangezogen wurden, so daſs mehr wie zwei Drittel der Arbeit Gesinde, Inst- und Losleuten zufiel, in Resau und Gr.-Guya wurde überhaupt keine Arbeit von Bauern ausgeführt. In älterer Zeit freilich mögen die Leistungen der Bauern, infolge ihrer stärkeren Inanspruchnahme und der geringeren in Anbau genommenen Kulturfläche mehr im Vordergrund gestanden haben. Findet sich doch sogar in den zwanziger bis vierziger Jahren auf den eigentlichen Vorwerken der Herrschaft Steinort nur geringe Gesindehaltung und an Arbeitsvieh ein Gespann Pferde und 2—3 Joch Ochsen. Freilich wies das Hauptgut Steinort bereits 1740 12 Instleute auf. Für die spätere Zeit aber werden wir als Ergebnis fesstellen dürfen, daſs die Arbeit auf den Hauptgütern ausnahmslos von Instleuten und Gesinde geleistet worden ist, während die eigentlichen Vorwerke und namentlich deren Auſsenschläge von den Bauern der benachbarten Dörfer und den auf Tagelohn arbeitenden Losleuten bestellt wurden[2].

---

[1] Kern teilt mit, „daſs 1798 die Vertreter der Ritterschaft für die Vermehrung der Losleute geradezu die Domänenverwaltung verantwortlich machten, welche in den ausgehauenen Stellen der königlichen Forsten für sehr wohlfeile Pacht einzelne Flecken Aussaat an Familien austhäte, die dort elend genug — mehrere Familien in einer Stube — aber ohne Arbeitszwang lebten. Alles dränge sich in diese Scheffelplätze, und Gärtner und Insten seien nicht zu bekommen.“

[2] Dagegen sind, namentlich in der älteren Zeit, die Arbeiten auf den Domänen weitaus in der Hauptsache von den Bauern der dazugehörigen Dörfer ausgeführt worden. Vergleiche Horn, Seite 430 ff.

Befand sich nun auch die zweite grofse ländliche Arbeiterklasse, die der Instleute, in den specifisch proletarischen Verhältnissen der Losleute? Wir werden hier mit einem entschiedenen „Nein“ zu antworten haben. Durchweg erhielten sie Land zur Aussaat von je 1—2 Scheffel Winter- und Sommergetreide, oder wie in Resau und Gr.-Guya soviel Winteraussaat, als ihr Mist austrägt. Sie durften in der Regel mindestens 1 Kuh, 3 Schafe, 3 Schweine, oft aber auch 1 Pferd, 2 Kühe, 3 Schafe, 2 Lämmer, 3 Schweine, 2 Ferkel und einiges Federvieh halten. In diesem Falle war ihre Stellung weit mehr der eines Kossäten verwandt, als der eines Losmannes oder modernen ländlichen Arbeiters. Jedenfalls trugen sie durchaus den Charakter von Kleinwirten, die an dem Ausfall der Ernte nicht minder wie die Gutsbesitzer interessiert waren. In den Pachtkontrakten sehen wir die Gutsherren bemüht, den Instleuten ihre günstige Stellung zu wahren. Der Pächter wird verpflichtet, ihr Land nach der Bestellung von $^2/_3$ des Gutslandes in Angriff zu nehmen, den Tagelohn in der festgesetzten Höhe auszuzahlen. Ihre finanziellen Leistungen bestanden aus einem Kopfschofs von 35 Groschen, Horn- und Klauenschofs betrug 24 Groschen pro Kuh, 15 Groschen pro Pferd, pro Schaf oder Schwein 3—8 Groschen, an Weidegeld wurde für 1 Pferd 25 Groschen, 1 Kuh 20 Groschen, Schaf und Schwein je 5 Groschen, an Gespinstgeld 20—30 Groschen, an Bienenzins pro Stock 15 Groschen, an Einackerungsgeld pro Morgen 1 Thlr. entrichtet, die Wohnung war frei.

Aufserdem bestand die Verpflichtung, 10 Männerhandtage und ebensoviel Frauenhandtage ohne Entschädigung zu leisten und jeder Zeit gegen einen Tagelohn von 9 Groschen der Mann und 6 Groschen die Frau zur Arbeit bereit zu sein; in Resau und Grofs-Guya betrug der Lohn vor Ostern nur $7^1/_2$ und 4 Groschen. Nach den Steinorter Tagelohnregistern aus dem Jahre 1804/1805 betrug der durchschnittliche Tagelohnverdienst im Jahr beim Mann 8—9, bei der Frau 5 Thaler. Im Winter trat an die Stelle des Geldlohns ein Anteil am Erdrusch, der zehnte bis elfte Scheffel. Im ganzen ist die Stellung der Instleute eine durchaus gesicherte, ihre wirtschaftliche Lage fraglos besser als die der Scharwerksbauern, Kossäten und Losleute. Trotzdem verleiten sie psychologische Momente, Unabhängigkeitsdrang und das Bestreben, auf der socialen Stufenleiter weiter zu gelangen, häufig zur Aufgabe ihrer gesicherten Stellung und zur Übernahme eines Scharwerkserbes, das, wie wir sahen, oft ihren Ruin herbeiführt. Das Bestreben des modernen ländlichen Arbeiters, aus der ihm unbequemen socialen Stellung herauszukommen, ist kein plötzliches Produkt der gegenwärtigen Entwicklung, die Anfänge dieser Bewegung sind bereits hier deutlich erkennbar. Der an die Scholle gefesselte ländliche Arbeiter des 18. Jahrhunderts flüchtet an die äufserste Peripherie des ländlichen Grofsbetriebes, der Inste des 19. Jahrhunderts, in den Besitz der Freizügigkeit gelangt, verläſst seinen heimatlichen Kreis gänzlich. Auch die Anfänge einer zweiten modernen Entwicklung lassen sich bereits im 18. Jahrhundert erkennen. Bereits beginnen die Gutsherren einzusehen, daſs die Viehhaltung der Instleute ein Haupthindernis für den Beginn einer intensiveren Kultur, namentlich für eine Futtervermehrung bedeute; so schreibt v. Farenheid 1784 an Schubart von Kleefeld: „Die gröſste Schwierigkeit, in unserm Lande die Brache abzuschaffen, ist, daſs unsere Instleute die Erlaubnis haben, eine Kuh, ein Stück Jungvieh, 3 bis 4 Schafe, 2 Schweine und 1 Zuchtgans zu halten, welche sie nach unserm bisherigen Gebrauch auf der herrschaftlichen Weide Sommer über geweidet[1]."

Nun scheint es zwar zu einer Beschränkung der Viehhaltung noch nicht gekommen zu sein, aber das Ackerland ist bereits vielfach eingezogen. Geldlohn in der Höhe von 9 Thaler, 10 Scheffel Roggen, 2 Gerste, 3 Hafer, 1 Erbsen sind an dessen Stelle getreten; hier ist bereits ein Schritt zur Proletarisierung des ländlichen Arbeiters gethan.

Im ganzen jedoch weisen die Insten im 18. Jahrhundert die charakteristischen Züge des Kleinwirts, des Parzellenpächters auf, während die Losleute der Dörfer durchaus als Proletarier zu gelten haben[2].

Nicht sehr verschieden in ihrer wirtschaftlichen Lage von den Instleuten sind die verheirateten Knechte, die in der Hauptsache als Gespann- und Zochführer verwendet wurden. Pferdehaltung scheint in ihrer Wirtschaft ganz zu fehlen, dagegen besitzen sie stets 1—2 Kühe, mindestens je 3 Schafe und Schweine. Land zur Aussaat erhielten sie seltener, dafür aber einen Jahreslohn von 10 Thalern und ein höheres Deputat als die Instleute, 15 Scheffel Roggen, je 3 Gerste und Hafer, 1½ Scheffel Erbsen. Ledige Knechte wurden in weit geringerer Zahl gehalten, in der Hauptsache werden sie als Scharwerker bei Instleuten oder verheirateten Knechten gewohnt haben.

---

[1] Krueger, Seite 26.

[2] Bei Leopold Krug: „Über Leibeigenschaft oder Erbunterthänigkeit der Landbewohner in den preuſsischen Staaten", Halle 1798, heiſst es: „Auſser den Gutsbesitzern und Bauern giebt es in Preuſsen auf dem Lande noch Gärtner und Instleute. Sie haben keine eigenen Häuser und Ackerplätze, sondern wohnen zur Miete, in welcher zu bleiben, sie sich wenigstens 3 Jahre verpflichten müssen; erstere stehen für ein gewisses Lohn- und Deputatgetreide der Gutsherrschaft oder auf königlichen Ämtern dem Beamten täglich zu Dienst, letztere aber bezahlen eine gewisse Miete und machen sich auſserdem an einigen Diensttagen verbindlich, welche sie dem Amte, Gute oder Wirte leisten, wo sie wohnen." In derselben Weise unterscheidet Kern beide Klassen. Es sind also hier Gärtner mit den Insten der v. Farenheidschen Güter identisch, während die Insten genannte Arbeiterklasse mehr den Charakter der Dorfinstleute oder Losleute trägt. Es zeigt sich hier, wie wenig feststehend die Namen sind, und wie gefährlich es ist, mit ihnen feste Begriffe verbinden zu wollen.

In diesem Falle erhielten sie einen Lohn von etwa 10 Thalern und ein Deputat zu ihrer Beköstigung von 10 Scheffel Roggen, 1½ Gerste, 2 Hafer, 1 Erbsen. Zum Teil waren sie direktes Gesinde bei der Gutsherrschaft und wurden von dieser beköstigt. Die Löhne sind dann weit höhere, 12—32 Thaler, in der Regel etwa 22 Thaler, jedoch erhalten manche Kutscher auch bis 39 Thaler. Es wird sich im letzeren Fall dann jedoch stets um altbewährte, mit der Herrschaft eng verwachsene Personen gehandelt haben. Mägde dienten gleichfalls als Scharwerker bei den Inst- und Knechtfamilien, an Deputat wurde ihnen das Gleiche wie den Knechten gezahlt, der Lohn war ein wesentlich niedrigerer, 5—8 Thaler. Hausmägde und Köchinnen erhielten 10—12 Thaler, Kleinmägde 5 Thaler, Jungen im persönlichen Dienst der Herrschaft 1—012 Thaler; Wirtinnen hatten einen Durchschnittslohn von 25 Thaler, noch besser standen Jungfern, d. h. wohl die Kammerzofen, deren Gehalt zwischen 24 und 36 Thaler schwankte. Unverhältnismäfsig hoch wurden Köche bezahlt, mit 65—100 Thaler, ein Umstand, der auf ein geringes Angebot schliefsen läfst. Der Lebensgang des Gesindes wird sich für den weitaus gröfsten Teil in der Weise vollzogen haben, dafs es nach der Einsegnung entweder im elterlichen Hause oder in einer bäuerlichen Wirtschaft als Jungen[1] und Kleinmägde diente, um dann nach längeren Jahren, namentlich, wenn es das Bedürfnis nach Heirat empfand, nach der Aufnahme in den herrschaftlichen Dienst zu streben, um dort in die Stellen der verheirateten Knechte oder Instleute zu gelangen. Freilich hat stets das Recht der Herrschaft auf Zwangsgesindedienst gebieterisch in das Schicksal des Einzelnen eingegriffen, wenn es den herrschaftlichen Zwecken entsprach, und den normalen Lebensweg unterbrochen.

Es erübrigt jetzt noch ein Rückblick auf die Löhne zu Anfang des 18. Jahrhunderts. Hierbei läfst sich fraglos ein ungeheurer Fortschritt feststellen, natürlich unter Berücksichtigung der gestiegenen Getreidepreise. Während Lohn und Deputat der Instleute um 1708 dem Werte von 19¹¹/₁₂ Scheffel Roggen entsprach, haben beide zusammen auch bei den schlechter gestellten Instleuten zwischen 1770 und 1806 einen Wert von 29 Scheffel Roggen, von der starken Viehhaltung in dem hier behandelten Zeitraum ganz abgesehen. Der Lohn der direkt von der Herrschaft beköstigten Knechte hatte 1708 eine Kaufkraft von 13 Scheffel Korn, jetzt von 33, der Mägde von 9²/₃, jetzt von 16²/₃ Scheffel Korn. Die Ein-

[1] Über das Leben dieser Jungen vergl. Tribukeit, Seite 16: „Den Jungen war die Sorge für die Pferde anvertraut, mit denen sie die Nächte vom Frühjahr bis zum Herbst in den Rofsgärten zubrachten.“

kommensverhältnisse bei Instleuten und Gesinde haben demnach eine Besserung von 50—150 % erfahren[1].

Nicht in demselben Mafse können wir diese Beobachtung bei den Angestellten der einzelnen landwirtschaftlichen Nebenzweige und Gewerbe machen. Der Hofmann, sicherlich stets ein freier Mann, der eine praktische Ausbildung in der Milchwirtschaft erfahren hatte, durfte in der Regel 2—3 Pferde, 2—4 Kühe und etwa je 10 Schafe und Schweine halten. Für das notwendige Gesinde erhielt er das übliche Deputat und Lohn. Geldlohn scheint er selbst nur in der älteren Zeit erhalten zu haben, während er um 1770 mehr den Charakter eines Unternehmers annahm. So erhielt 1798 ein Hofmann[2] zu Medunischken 90 Kühe gegen Zahlung von 5½ Thaler Pacht pro Jahr, für 22 Kälber, die er jährlich absetzen mufste, hatte er pro Stück 2½ Thaler zu bezahlen. Für Stärken, die zum erstenmal kalbten, hatte er ebensoviel wie für eine Kuh zu zahlen. Pro Kuh erhielt er 1 Hoffuder Heu oder Grummet und hinlängliches Strohfutter, sodann freies Futter und freie Weide für 2 Pferde, 4 Kühe, je 10 Schafe und Schweine, Acker zur Aussaat von ½ Scheffel Leinsaat, 2 Achtel Weichholz und von jedem Gebräusel 1 Tonne Tafelbier. Am Anfang des 18. Jahrhunderts entsprach Lohn und Deputat der Hofleute dem Wert von 80½ Scheffel Roggen.

Es ist bei der gänzlich veränderten Stellung des Hofmannes schwierig, eine Beziehung zwischen den damaligen Einkommensverhältnissen und den der hier behandelten Periode festzustellen. Dagegen haben die Lohnverhältnisse der Hirten fraglos eine Besserung erfahren. Von diesen finden wir 2—3 auf jedem Hof, in der Regel Kuh- und Schweinehirten, letztere stehen social tiefer und wirtschaftlich ungünstiger. Während am Anfang des 18. Jahrhunderts Deputat und Lohn den Wert von etwa 20 Scheffel Roggen hatte, war er jetzt auf 40 bis 50 Scheffel gestiegen. Dazu kam freie Weide und Futter für 2 Kühe, je 4 Schafe und Schweine. Über die wirtschaftlichen Verhältnisse der Schäfer ist nur geringes Material vorhanden, sodafs sichere Schlüsse unmöglich sind, jedoch scheint eher eine Verschlechterung ihrer Lage eingetreten zu sein.

Sehr schwankend waren die Einkommensverhältnisse der Brauer und Brenner; in den meisten Fällen waren beide Stellungen von einer Person bekleidet, das bare Gehalt schwankte

[1] Die günstige Lage des Gesindes auf den v. F. gehörigen Gütern steht im Widerspruch mit den überzeugenden Ausführungen Kerns, der nachweist, dafs sich das Gesinde bei Bauern und Köllmern stets besser gestanden habe, als beim Adel; zu dem statistischen Material fügt er eine Mitteilung aus einem Bericht des Landeshauptmannes von Insterburg aus dem Jahre 1788 hinzu, der ebenfalls feststellt, dafs die Lage des Gesindes auf den adligen Gütern am schlechtesten ist.

[2] In älterer Zeit hatte der Hofmann häufig eine der des Kämmerers verwandte Stellung.

zwischen 12 und 46 Thaler, ebenso war das Deputat sehr verschieden. Dagegen durften regelmäſsig 2 Kühe, je 3—6 Schafe und Schweine gehalten werden. Man darf wohl annehmen, daſs es sich bei den schlechter gestellten Brauern und Brennern stets um Unterthanen handelte, die der Gutsherr das Gewerbe hatte erlernen lassen, während die besser gestellten freie Leute waren, die ebenso wie die Hofleute sich in einer gewissen Unternehmerstellung befanden, jedenfalls Tantieme erhielten. Wenigstens geht letzteres aus einem Kontrakt hervor, der allerdings bereits über 1806 hinausliegt. In ihm heiſst es, der betreffende Brauer und Brenner habe von 16 Scheffel Kartoffeln und 1 Scheffel Malz 115 Stof 40 % Branntwein zu liefern. Liefere er über 120 Stof, so werde ihm die Hälfte des Übermaſses bezahlt, liefere er unter 115 Stof, so trage er die Hälfte des Schadens. Verkaufe er oder vertrinke er, so bezahle er den vierfachen Wert. Zwei Brandknechte würden ihm gestellt werden. Nach Beendigung der Brauzeit habe er verschiedene Kämmererdienste zu übernehmen. An Lohn erhalte er 26 Thlr. bar, 1 Scheffel Weizen, 20 Roggen, je 4 Gerste und Hafer, 2 Erbsen, von jedem Gebräu ¼ Tonne Bier und ¼ Tonne Tafelbier, zur Brennzeit alle Tage eine Tonne Bragen, einen Gartenplatz zu 8 Scheffel Kartoffel-, ¼ Scheffel Leinaussaat, Weide und Winterfutter für 2 Kühe, 3—4 Schweine, statt Schafe Entschädigung mit Wolle oder Geld, von den Käufern pro Tonne Bier 1 Silbergroschen, pro Ohm 2 Silbergroschen. Gegenüber dem Einkommen eines Brenners um 1708, das dem Werte von 74⅓ Scheffel Korn entsprach, ist eine Erhöhung nicht festzustellen, wenigstens nicht allgemein. Die Ziegler waren zum Teil auf Accord gesetzt, zum Teil erhielten sie feste Bezahlung; da sie auſserdem noch in anderen Zweigen beschäftigt wurden, lassen sich für sie als Stand keine allgemein gültigen Regeln aufstellen.

Von Handwerkern sind natürlich nur gewisse Klassen auf dem Hofe vertreten, in erster Linie Schmiede, Rademacher und Sattler, seltener finden sich Böttcher, Töpfer, Schneider, Schuster, Maurer und Zimmerleute. Ihre Verhältnisse sind ähnlich wie die der Instleute geordnet, sie wohnen zur Miete, zahlen für die Stube 2 Thaler 20 Groschen bis 4 Thaler Miete, an Ackerpacht 2—3 Thaler, Kopf-, Horn- und Klauenschoſs in derselben Höhe wie die Instleute, leisten auch die gleiche Anzahl von Scharwerkstagen, zahlen jedoch vielfach kein Gespinstgeld. An Vieh finden wir bei ihnen häufig 2 Pferde, stets 2 Kühe, etwa 4 Schafe und 4 Schweine. Zahlreiche Kontrakte für die Steinorter Güter aus der ersten Hälfte des 18. Jahrhunderts mit städtischen Handwerkern lassen darauf schlieſsen, daſs erst allmählich, seit etwa 1730, die Ansiedlung von Handwerkern auf Gütern und Dörfern stattgefunden hat. Stets wurde auch bei den Einzelarbeiten neben Geldlohn mit Deputat gezahlt; so übernahm 1750 ein städtischer Zimmermann den Bau eines Bauernhauses für 15 Gulden Lohn, 2 Scheffel Korn, 1/2 Tonne Bier, 1 Stof Butter und 1/2 Schock Käse. Für festangesetzte Handwerker aus der älteren Zeit ist der Kontrakt eines Schusters aus dem Jahre 1736 bezeichnend. Derselbe bezahlt für Wohnung und Garten 9 Gulden, ferner den gewöhnlichen Kopf- und Hornschofs, sowie Gespinstgeld. Das Material wird ihm geliefert, aufserdem erhält er von jedem Gebräusel 1/4 Tonne Tafelbier, für die Verfertigung eines Paar Schuh 10 Groschen, Stiefel 15 Groschen, 1 Paar Schuh versohlen 4 Groschen, flicken 2 Groschen, ein Stück Leder ausgerben 18 Groschen, zuzurichten 12 Groschen. Allmählich scheint dann der Tagelohn in den Vordergrund getreten zu sein, der bei Zimmerleuten und Maurern 40—45 Groschen erreichte. Seit 1806 macht sich jedoch bei der Herrschaft das Bestreben wieder geltend, auch die Handwerker auf bestimmtes Deputat und Lohn zu setzen. Seit 1811 sind die Kontrakte zahlreich, in denen Handwerker zur dauernden Übernahme von Gutsarbeiten verpflichtet werden. Der Jahreslohn schwankt von 8—26 Thaler, ähnlich das Deputat; Schmiede und Rademacher gehören zu den besser gestellten Handwerkern, die Sattler zu den geringer bezahlten, jedoch wohl nur, weil sie auch weniger Arbeit dem Gute zu leisten hatten. Vielfach erhalten die Handwerker die Krüge zinsfrei, verpflichten sich aber dafür, alle in ihr Fach schlagenden Arbeiten unentgeltlich auszuführen. Im allgemeinen werden wir annehmen dürfen, dafs die Gutshandwerker sich noch weit mehr als die Dorfhandwerker einer gesicherten und günstigen Lage zu erfreuen hatten. In ähnlicher Weise wie die Handwerker übernahmen oft Jäger einen Krug und leisteten dafür auf jagdlichem Gebiete der Herrschaft die verlangten Dienste. Ihre Obliegenheiten beschränkten sich in der älteren Zeit, wie die Steinorter Güter zeigen, in forstlicher Hinsicht lediglich auf das Anweisen des zu schlagenden und zu rodenden Holzes und die Verhinderung des Forstdiebstahls; ihre Hauptthätigkeit war die Jagd. Dementsprechend erhielten sie aufser der Kleidung nur Schufsgeld, das z. B. 1740 für 1 Elendt 6 Gulden, 1 Wolf 2 Gulden, 1 Fuchs 1 Gulden, 1 Hasen und 1 wilde Gans 10 Groschen, 1 Birkhuhn 8 Groschen, 1 Ente und 1 Taube 2 Groschen, 1 Paar Strichvögel 4 Groschen betrug. Um 1770 ist bereits eine Scheidung zwischen den eigentlichen technischen Forstbeamten, den Oberwarten, Hegemeistern, Waldwarten, Unterförstern und den Jägern, die lediglich die Jagd ausübten und nur aushülfsweise Forstdienste thaten, erfolgt. Diese wurden in der Regel von der Herrschaft direkt bespeist und erhielten einen Lohn von 20—36 Thalern, zum Teil Schufsgeld. Die eigentlichen Forstbeamten wohnten auf den Dörfern und Vorwerken und waren auf Gehalt, Deputat und Stammgeld angewiesen. Waldwarte und Unterförster erhielten im Durchschnitt 16 Thaler Gehalt, an Deputat 16 Scheffel Roggen, 2 Gerste, 4 Hafer, 2 Erbsen, 1 Tonne Bier, freie Weide und Futter für 1 Pferd, 2 Kühe, je 4 Schafe und Schweine; das Stammgeld betrug pro Thaler verkauften Holzes 12 Groschen. Bei Hegemeistern und Oberwarten betrug das Gehalt 80—300 Thaler, das Deputat 2 Scheffel Weizen, 30—40 Roggen, 5—6 Gerste, 24—70 Hafer, 3—5 Erbsen, 4—12 Tonnen Bier. Die Pferdehaltung und dem entsprechend auch die Menge des gelieferten Hafers richtete sich natürlich nach den Bedürfnissen des Dienstes. Im allgemeinen finden wir bei diesen höheren Beamten 3 Pferde, ebensoviel Kühe, etwa je 8 Schafe und Schweine. Weit besser als die unteren Forstbeamten wurden die Gärtnierer bezahlt, schon 1748 erhielt ein Gärtnierer zu Steinort 30 Thaler Lohn und 3 Tonnen Bier, nach 1770 ist neben reichlichem Deputat der Durchschnittslohn 40 Thaler. Es ist daher wohl anzunehmen, dafs Leute mit der nötigen Ausbildung in diesem Zweige verhältnismäfsig selten waren.

Noch einige, die Gesamtheit der Gutsunterthanen und Beamten betreffende Bemerkungen mögen hier Platz finden. Zunächst mufs auf eine Einrichtung hingewiesen werden, die ihre Begründung in der Unmöglichkeit für manchen Gutsherrn, den Holzbedarf seiner Unterthanen zu decken, fand, auf das sogenannte Heideeinmieterwesen in den königlichen Forsten. Köllmer und erbfreie Einsassen zahlten bis zu einer Hufe 60 Groschen, bis 2 Huben 1 Thaler, bis 3 Hufen 1 Thaler 30 Groschen, bis 4 Hufen 2 Thaler 60 Groschen, Immediatunterthanen und Handwerker 60 Groschen, Instleute und Hirten 30 Groschen Heideeinmietergeld. Aufserdem mufsten pro Thaler noch 8 Groschen Stammgeld gezahlt werden. Für diese Summen durfte der normale Bedarf der kleinen Wirtschaften gedeckt werden, freilich oft nur durch Rodung von Stubben.

Wie stand nun der Gutsherr den direkt in seinem Gesichtskreis wohnenden Leuten gegenüber? Die Bestimmungen der Pachtkontrakte sprechen auch hier dafür, dafs er ihre wirtschaftliche Leistungsfähigkeit mit gebührender Rücksicht zu schonen suchte. So sollten Instleute, die nur bis 9 Groschen verdienten, den Scheffel Getreide zu billigerem Preise erhalten, als solche, die beim Ziegler oder Handwerker bis 15 Groschen verdienten, diese wieder billiger als Brettschneider, die einen Tagelohn bis 24 Groschen erhielten.

Sehr günstig scheint die Bevormundung durch die Herrschaft auf die wirtschaftlichen und haushälterischen Fähigkeiten der Gutsbewohner nicht gewirkt zu haben. Wie die Bauern allen Unglücksfällen hülflos und thatenlos gegenüberstanden, und sofort Pachtremission und Unterstützung durch die Herrschaft eintreten mufste, so weist die starke Verschuldung der Instleute auf ähnliche Schäden auch hier hin. Bei jeder Pachtübernahme mufste der Pächter das Einziehen der Schulden der Gutsleute übernehmen, und diese waren häufig recht beträchtlich, so 1791 bei der Verpachtung der Angerapper Güter 1559 Thaler 8 Groschen 13½ Pfennig. Bezüglich der rechtlichen Lage der Gutsleute sind ziffernmäfsige Feststellungen nicht möglich, jedenfalls hat es auch unter den Instleuten einen kleinen Prozentsatz freier Leute gegeben; so waren 1801 unter den Instleuten zu Klein Mauen 3 freie Leute. Es spricht auch dafür die häufig in den Pachtkontrakten vorhandene Bestimmung, dafs die Anzahl der freien Leute nicht vermindert werden solle. Weit stärker waren solche natürlich unter den Forstbedienten, Brauern, Brennern und Handwerkern vertreten. Auch hier ist nur Erbunterthänigkeit, nicht Leibeigenschaft mit dem Kennzeichen der Sklaverei festzustellen, da jeder Unterthan fähig war, Besitz zu erwerben. Dagegen scheint nicht immer an dem Grundsatz, dafs der Unterthan zur Scholle gehöre und nur mit dieser verkauft werden könne, festgehalten worden zu sein. Kommen auch keine direkten Veräufserungen der Unterthanen ohne die Scholle gegen Geld vor[1], so streift es doch nahe daran, wenn bei Kaufverträgen sich der Verkäufer vorbehält, einige Personen auswählen und mit sich nehmen zu dürfen. Jedoch finden sich diese Fälle zahlreicher nur in der ersten Hälfte des 18. Jahrhunderts. So bedingt sich 1729 der Verpfänder der Eisenwagenschen Güter aus, 1 Koch, 1 Vorreiter, 1 Reiterknecht, 1 Lakay, 5 Mägde, ferner 2 junge Burschen aus den Unterthanen nach seinem Gefallen vor der Übergabe hierselbst auslesen und wegnehmen zu können. Von einer freiwilligen Zustimmung der betreffenden Leute ist nicht die Rede. Der Herr verfügt schrankenlos über ihre Person, einen eigenen Willen haben sie nicht. Ähnliche Bestimmungen enthält ein Kaufvertrag noch aus dem Jahre 1772.

Heiratete ein Unterthan eine freie Person, so wurde diese unterthan, wenn nicht durch einen bestimmten Kontrakt nur dauernder Aufenthalt auf den Gütern verlangt wurde; namentlich in älterer Zeit war das erste der Fall. Die Kinder folgten der ärgeren Hand.

Im ganzen werden wir zu der Ansicht gelangen müssen, dafs da, wo ein verständiger, wenn auch durchaus auf seinen

---

[1] In Einzelfällen scheint auch dies sogar noch in der Mitte des 18. Jahrhunderts vorgekommen zu sein, wie das von Kern erwähnte Inserat beweist, in welchem direkt Unterthanen zu bestimmten Preisen ausgeboten wurden.

Vorteil bedachter Gutsherr die Zügel führte, die Lage aller Klassen der Gutsbewohner eine ungleich bessere war als die der Scharwerksbauern, Kossäten und Losleute, weil sie einerseits einen gesicherten Rückhalt hatten und andererseits nicht mit übermäſsigen Fronden belastet waren.

Die staatlichen Einwirkungen, die sich im Leben der Dorfbewohner stark fühlbar machten, erscheinen noch weit ausgeprägter und schärfer auf den geschlossenen Gutsbetrieb ausgeübt worden zu sein. Hier sehen wir im einzelnen die segensreichen oder auch unheilvollen Verordnungen wirksam, mit denen der absolute Staat in jeden Zweig des menschlichen Schaffens eingriff. Auch das achtzehnte Jahrhundert kennt bereits Klagen der Gutsherren über die ihnen auferlegte lästige Bureauarbeit, und vielleicht wurden sie mit mehr Recht erhoben als heute.

Alljährlich war der Gutsherr verpflichtet, über die kleinsten Zweige seines Betriebes Bericht zu erstatten. Tabellen über Getreide, Vieh, Salz, Wolle, Bienenstöcke, Hanf, Kalk, Obstbäume, Landesprodukte, Ortsarme, Invaliden, Kossäten, Garnaufkäufer, Handwerker, Vasallen, Seelen, historische Tabellen u. a. m. muſsten dem Landratsamte in jedem Jahr eingereicht werden. Dazu kamen die, bei den geringen Schutzmaſsregeln der damaligen Zeit häufigen Unglücksfälle, wie Miſsernten, Überschwemmungen, Viehsterben, Seuchen, Brände u. a. m., die besondere Berichte erforderten.

Wir begnügen uns hier, einzelne Beispiele der staatlichen Wirksamkeit auf wirtschaftlichem Gebiet anzuführen. Besonders lebhaft sehen wir den Staat bemüht, die Produktion von Garn und Wolle zu heben, mit groſsem Erfolg, wie z. B. die Angerapper Güter beweisen. Während im Jahre 1771 auf diesen von 122 Weibspersonen 78 Stück Garn und 21 Wolle gewonnen wurden, beteiligten sich 1776 136 Weiber daran, die 560 Stück Garn und 73 Wolle produzierten, 1781 waren es 120 Weiber 6666 Stück Garn und 1333 Wolle. Auf dieser Höhe hielt sich die Produktion während der nächsten 20 Jahre. Der Fortschritt war in kurzer Zeit ein so ungeheurer gewesen, daſs der eigene Flachsbau nicht genügte und zugekauft werden muſste. Natürlich war der eigene Bedarf an Leinenwaren überdeckt, ebenso an Garn und Zwirn, sodaſs 1798 eine Ausfuhr im Werte von 54 Thaler von Garn und Zwirn, von 460 Thaler für Wolle stattfand. Weit weniger glücklich erwies sich der Versuch des Staates, hier im äuſsersten Osten die Seidenproduktion und Spinnerei hoch zu bringen. Auf staatliche Anordnung wurden im Jahre 1772 auf den Angerapper Gütern 201 Maulbeerbäume gepflanzt, 1782 waren noch 51 vorhanden, 1785 erfroren alle. Wurden dem Klima zu trotz, wie es hier 1782 geschah, 1000 Cocons gewonnen, so pflegte das Ungeschick der Bevölkerung und der Gutsbeamten auch diesen Ertrag zu vernichten. So lagerten die Cocons in diesem Falle, da niemand das Abhaspeln verstand, so lange, bis der Befehl kam, sie nach Königsberg zu senden. Inzwischen hatten die Mäuse auch den letzten Cocon vernichtet; ein klassisches Beispiel dafür, dafs alle Anstrengungen des Staates auf wirtschaftlichem Gebiete scheitern müssen, wenn nicht die Vorbedingungen des Erfolges in einer gewissen kulturellen Höhe der Bevölkerung gegeben sind.

Von den staatlichen Abgaben kam in erster Linie als Grundsteuer die Kontribution in Betracht. Nachfolgende Tabelle zeigt die Kontribution von 23 Gütern.

Namen des Gutes:	Gröfse:			Kontribution		
	Hufen	Morgen	Quadrat-Ruten	Thaler	Groschen	Pfennige
Kl.-Beynuhnen	11	17	208	78	10	—
Angerau	27	16	133	93	75	—
Ocznagorren	8	28	152	60	50	—
Auerflufs	9	29	105	54	60	—
Mikalbude	17	29	267	103	33	8
Milchbude	6	14	215	67	80	—
Dombrowken	46	1	192	88	56	16
Rosenau	12	18	188	57	37	13
Kl.-Gnie	25	27	29	100	16	15
Gr.-Gnie	26	—	136	109	54	7
Mauenwalde	22	5	42	46	88	10
Eiserwagen	25	21	274	229	36	—
Damerau	15	4	63	32	24	—
Richau	17	15	22	26	36	—
Kl.-Mauen	19	23	36	46	81	11
Frilinde	9	11	232	21	—	—
Koppershagen	20	2	54	67	52	9
Nagurren	16	24	76	53	80	—
Glafshütte	15	11	101	23	8	10
Angerapp	9	—	—	39	—	—
Paulsdorf	11	8	—	41	28	—
Sodarren	9	7	—	38	42	9
Kl.-Medunischken	22	12	—	99	66	—
Summa	407	00	125	1580	28	00

Im Durchschnitt betrug demnach die Kontribution pro Hufe kullmisch 3,88 Thaler. An Realdecem wurden von den adligen Hufen 10—12 Groschen gezahlt. Ebensowenig erheblich war das Lehnssekretariengehalt, 1—2 Thaler pro Vorwerk im Durchschnitt. Die Kalende für Lehrer und Pfarrer betrug für beide zusammen je 2—3 Metz Roggen, Hafer und Gerste pro Hufe, häufig kam noch etwas Stroh und Heu hinzu, im allgemeinen waren nur zwei Getreidearten zu liefern. Es stellte dies ebensowenig eine Belastung dar, wie etwa die niedrige Accise beim Verkauf von Tieren, die für Ochsen in der Höhe von 10 Groschen erhoben wurde. Die bereits im Kapitel über die Dorfbevölkerung erwähnte Tabaksteuer zeigt uns auch auf dem Gut die Schichtung der Bevölkerung.

So zahlen im Jahre 1787 auf dem Gute Angerapp in Klasse

	I.		III.		IV.		V.		VI.	
	Thlr.	gr	Thlr.	gr	gr	₰	gr	₰	gr	₰
die Herrschaft	2	3	—	—	—	—	—	—	—	—
1 Administrator und 1 Wirtschafter je	—	—	—	61		—	—	—	—	—
1 Brauer, 1 Brenner, 1 Hofmann je	—	—	—	—	30	9	—	—	—	—
1 Kutscher, 5 Knechte, 1 Tischler, 1 Gesell, 1 Kämmerer, 1 Gärtner, 4 Instleute je .	—	—	—	—	—	—	15	9	—	—
2 Hirten, 1 Mittelknecht, 1 Knecht, 3 Jungen je . .	—	—	—	—	—	—	—	—	7	12

Bemerkenswert bei dieser Gliederung ist, wie sich abgesehen von den Aufsichtsbeamten die Leiter specieller Zweige, Hofleute, Brauer und Brenner aus der übrigen Gutsbevölkerung herausheben. Im Vergleich mit der Dorfbevölkerung zeigt sich, dafs ein weit geringerer Prozentsatz der Gutsbevölkerung zur letzten Steuerklasse gehört, ein Umstand, der wiederum auf ihre bessere wirtschaftliche Lage hindeutet. Die Tabaksteuer selbst ist immer mehr ermäfsigt worden, bis im Jahre 1802 die Angehörigen der letzten Klasse ganz steuerfrei bleiben. In den Kriegsjahren waren die Steuern überhaupt weder für das Gut, noch für seine Bewohner im einzelnen irgendwie drückend.

Weit mehr lasteten bereits in dieser Zeit die allgemeinen Landeslieferungen für das Heer, die als Kriegsleistungen auch von den adligen Gütern erhoben wurden, während sie von den ordinären Fouragelieferungen befreit blieben, vor allem aber die Stellung und Unterhaltung von Arbeitern beim Festungsbau auf den Gütern. Nicht minder erforderte die Armenpflege in erster Linie Aufwendungen des Gutsherrn, wenn auch alle Klassen der ländlichen Bevölkerung, sogar Knechte und Mägde mit Beiträgen von 6 und 3 Groschen herangezogen wurden.

Die Hauptsorge des Gutsherrn, auch in finanzieller Beziehung, waren aber ohne Frage die bäuerlichen Wirtschaften, namentlich da, wo auf ihnen die Verpflichtung zu zahlreichen Frondiensten lastete. Die peinlichste Aufsicht vermochte nicht die Schäden zu heilen, die die naturgemäfse Interessenlosigkeit der bäuerlichen Wirte veranlafste. Zahlreiche Feuersbrünste erforderten starke Baukosten, jedes Viehsterben und kleine Mifsernten zeigten immer wieder die wirtschaftliche

Hülflosigkeit der Bauern. Die Frondienste wurden so oft teuer bezahlt.

Nicht so sehr in seiner Eigenschaft als Steuerzahler, sondern als Grundherr und Gemeindemitglied hatte der Gutsherr des 18. Jahrhunderts empfindliche finanzielle Lasten zu tragen. Die übrige Bevölkerung spürte von den staatlichen Steuern noch weniger, wenn auch ihren ärmeren Klassen die Aufbringung der geringfügigen Beiträge oft lästig gewesen sein mochte. Frondienst und Heeresdienst waren recht eigentlich die Grundlagen, auf denen sich ihre wirtschaftliche Existenz nach günstiger oder ungünstiger Richtung aufbaute.

Es entsteht jetzt die Frage nach der Stellung der Güter im Rahmen der gesamten Volkswirtschaft. Ein glücklicher Umstand hat eine Tabelle über die Aus- und Einfuhr der Angerapper Güter aus den neunziger Jahren erhalten, gerade aus der Zeit, in der sich der allgemein beobachtete Aufschwung in der Landwirtschaft für diese Güter speciell vollzogen zu haben scheint.

Es wurden 1796 nach den Angerapper Gütern eingeführt:

	Wert: Thlr.	gr.
Eingesalzene Heringe	17	30
Franzwein	12	—
Weinessig	6	—
Salz	250	—
Thee	3	—
Kaffee	44	—
Zucker	40	—
Granaten, Pomeranzen, Citronen	4	—
Glaswaren	3	—
Flachs	46	—
Indigo	3	—
Seide	33	—
Baumwollene Waren	7	—
Baumwolle und Garn	2	30
Türkisch Garn	7	60
Apothekerwaren	30	—
Inländischer Tabak	15	—
Fremder Schnupftabak . . .	36	—
Kupfer, Messing	20	—
Zinn, Blei	3	—
Eisen, Stahl	150	—
Pulver, Blei	6	—
Leinsamen	13	—
Talg und Lichte	15	—
Summa	767	30

Ausgeführt wurden in demselben Jahre Waren im Werte von 3128 Thaler, das Plus der Ausfuhr über die Einfuhr betrug demnach 2360 Thaler 60 Groschen. In den nächsten fünf Jahren gestaltete sich das Verhältnis folgendermaſsen.

	Ausfuhr:	Einfuhr:	Unterschied:
1797	3465	826	2639
1798	3830	885	2945
1799	4073	1204	2869
1800	5692	1278	4414
1801	9467	1982	7485

Es zeigt sich eine Steigerung der Einfuhr in den 6 Jahren um das zweieinhalbfache, aber auch die Ausfuhr hat sich verdreifacht. Das Plus der Ausfuhr über die Einfuhr ist von 2360 Thaler und 60 Groschen auf 7485 Thaler gestiegen. Betrachten wir die einzelnen Produkte der Einfuhr, so nimmt Salz die erste Stelle ein, es ist dies eine Folge des Staatsmonopols, eine Steigerung der Einfuhr in diesem Artikel ist nicht weiter eingetreten. Dagegen steigt der Wert der Einfuhr bis 1801 bei Kaffee von 44 auf 90 Thaler, bei Zucker von 40 auf 60 Thaler, vor allem bei Eisen und Stahl von 150 auf 450 Thaler. In dieser letzten Steigerung beruht im Grunde die Erhöhung des Wertes der Einfuhr, da unter der Einfuhrsumme von 1801, die 1982 Thaler betrug, 810 Thaler für Ochsenankauf begriffen sind. Im ganzen zeigt die Einfuhr ein erfreuliches Bild, die geringe Menge der Kolonialwaren läſst auf schlichte und einfache Lebenshaltung schlieſsen, während das Wachstum des Eisenbedarfs auf eine steigende Kultur hindeutet.

Die Zusammensetzung der Ausfuhr geht aus der nachfolgenden, 6 Jahre umfassenden Tabelle hervor:

	1796 Thlr.	1797 Thlr.	1798 Thlr.	1799 Thlr.	1800 Thlr.	1801 Thlr.
Weizen	500	350	1000	1000	400	350
Roggen	850	1000	800	900	900	1800
Gerste	—	200	220	250	1800	2600
Hafer	—	—	—	100	600	900
Erbsen	—	—	—	60	150	260
Pferde	—	—	—	20	400	450
Ochsen	900	980	810	750	800	1600
Kühe	—	—	—	20	40	60
Schweine . . .	—	—	—	25	32	100
Kälber u. Hammel	200	190	200	250	90	246
Butter u. Käse .	236	280	300	160	260	600
Federvieh . . .	—	—	—	5	4	6
Wachs	—	—	—	2	2	2
Summa	2686	3000	3330	3542	5478	8974

	1796 Thlr.	1797 Thlr.	1798 Thlr.	1799 Thlr.	1800 Thlr.	1801 Thlr.
Transport	2686	3000	3330	3542	5478	8974
Leinenwaren . .	24	30	36	30	60	55
Garn u. Zwirn . .	16	15	18	8	4	26
Wolle	380	400	420	460	100	230
Hering	—	—	—	3	4	—
Lederne Waren .	22	20	36	30	26	30
Leinsamen . . .	—	—	—	—	20	12
Kalk	—	—	—	—	—	120
Allerh. Viktualien	—	—	—	—	—	20
	3128	3465	3830	4073	5692	9467

Die enorme Steigerung ist in erster Linie eine Folge des Verkaufs von Gerste, Hafer und Pferden, in zweiter Linie wirkt die überhaupt zu Tage tretende Ertragssteigerung in allen Zweigen; nur der Verkauf von Wolle weist einen Rückgang auf. Die Haupteinnahmen wurden durch Verkauf von Getreide erzielt, aber auch die Viehzucht (Verkauf von Mastochsen) warf erheblich hohe Summen ab, jedoch scheinen in dieser Beziehung die Angerapper Güter weit über dem Durchschnitt zu stehen. Das Aufstreben der Landwirtschaft um die Wende des 18. Jahrhunderts spiegelt sich deutlich in der Steigerung der hier angeführten Ausfuhrziffern. Dieselbe Beobachtung tritt uns bei der Betrachtung der Güterpreise während des 18. Jahrhunderts entgegen.

Die Eiserwager Begüterung wurde bezahlt

im Jahre	Gröfse der Güter Hufen	Morgen	Gesamtsumme Thlr.	Preis pro kullm. Morgen Thlr.
1729	164	24	21 000	4,24
1766	164	24	40 000	8,09
1785	164	24	46 000	9,30
1792	143	16	80 000	18,58

Der Kaufpreis der Angerappschen Güter war

im Jahre	Gröfse Hufen	Morgen	Gesamtsumme Thlr.	Preis pro kullm. Morgen Thlr.
1673	85	—	mit 11178	4,38
1704	99	28	„ 33 311	11,11
1728	96	—	„ 8000	2,78
1750	96	—	„ 37 000	12,85
1773	96	—	„ 75 000	26,04

Die niedrigen Preise bei Angerapp im Jahre 1728 und bei Eiserwagen 1729 zeigen deutlich den zerstörenden Einflufs der Pest. Jedenfalls zeigt die Geschichte beider Güter, dafs bis 1750 nur ein langsames Steigen der Güterpreise gegenüber der Anfangszeit des 18. Jahrhunderts eingetreten ist. Die geringe Steigerung, die Eiserwagen noch 1785 aufweist, und die 1778 für Gnie bezahlte geringe Summe von 11,97 Thaler pro Morgen sprechen dafür, dafs diese Stabilität der Preise sogar bis in die achtziger Jahre hinein angehalten hat. Wenn dem gegenüber bereits 1773 für Angerapp pro Morgen 26,04 Thaler bezahlt wurden, so liegt das daran, dafs bei dieser Begüterung kurz vorher ganz aufserordentliche Meliorationen vorgenommen worden waren.

Jedenfalls sind die Güterpreise in den beiden letzten Jahrzehnten des 18. Jahrhunderts um 100—140 % gegenüber den fünfziger bis siebziger Jahren gestiegen[1], der Preis pro kullmischen Morgen schwankt zwischen 26 und 30 Thaler. Die 1791 vom Grafen Lehndorf erstandenen Güter Resau, Grofs Guya und 2 köllmische Besitzungen wurden mit 26,71 Thaler pro Morgen, die 47 Hufen mit 37 666 Thaler 60 Groschen und 300 Thaler Schlüsselgeld bezahlt. Die v. Farenheidschen Güter Mauenwalde, Nagurren, Eiserwagen, Launicken, Koppershagen, Neuastrawischken, im ganzen 10 953 Morgen, wurden in den Jahren 1792—1805 für 328 690 Thaler, 30,01 Thaler pro Morgen gekauft. Der Aufschwung der Landwirtschaft, den wir an der Steigerung der Bodenerträge, der Erhöhung der Preise für landwirtschaftliche Produkte und der Löhne von Beamten und Arbeitern feststellen konnten, hat zugleich zu einer schnellen und bedeutenden Erhöhung der Bodenpreise geführt. Mit der Kriegsperiode von 1806—1815 beginnt ein ungeheuerer Rückschlag in jeder Beziehung.

---

[1] Leopold Krug: „Betrachtungen über den Nationalreichtum des preufsischen Staates und über den Wohlstand seiner Bewohner“, Berlin 1805, führt einige Beispiele der Wertsteigerung ostpreufsischer Güter an:

	im Jahre		Wert Thlr.
Taukitten	1772		9333
	1794		20250
Pellen	1783		30000
	1800		70000
Pogrimmen	1767		10000
	1796		33000
Neuhoff	1754	vererbt für	23333
	1764	verkauft für	25000
	1772	„ „	40000
	1789	„ „	50000
	1795	„ „	100000
	1797	„ „	110000
	1798	„ „	116000
	1801	„ „	122000
	1804	„ „	140000

Drittes Kapitel.

Die Bedeutung der Kriegsjahre 1806—1815 für die Landwirtschaft.

Wie zu Beginn des 18. Jahrhunderts die Pest das Wirtschaftsleben in einem grofsen Teile Ostpreufsens auf lange Zeit völlig ruinierte, und es langer und mühsamer Arbeit von seiten des Staats und der Interessenten bedurfte, um eine Gesundung der wirtschaftlichen Verhältnisse herbeizuführen, so trafen am Anfange des 19. Jahrhunderts die Kriegsjahre mit vernichtenden Schlägen die aufblühende Landwirtschaft. Darin unterscheidet sich aber der Heilungsprozefs im 19. Jahrhundert von dem des 18. Jahrhunderts, dafs der Staat, der in diesem Falle an seinem ganzen Körper getroffen wurde, nicht in der Lage war, in so umfassender Weise zu helfen, wie es 100 Jahre vorher geschah. Daher trat im 19. Jahrhundert ein unverhältnismäfsig langes Siechtum ein, das überwunden zu haben, ein dauerndes Verdienst der betroffenen Kreise selbst, des Grofsgrundbesitzes und der Bauern bedeutet.

Um einen Einblick in die infolge des Durchzugs der Heere und der Zwangslieferungen dem Lande geschlagenen Wunden zu erhalten, werden wir zunächst einige Güter im einzelnen betrachten. So betrugen 1806—1807 die Kriegsverluste der Angerapper Güter 15 824 Thaler [1]. An die Franzosen allein waren 46 Stück Schlachtvieh, 20 Ohm Branntwein, 2 Anker Wein, 80 Scheffel Roggen, 70 Gerste, 30 Erbsen, 6 Pferde, fast alle vorhandenen Lebensmittel geliefert worden. DieselbenGüter hatten während der kurzen Zeit vom 15. März bis 24. April 1807 7 vierspännige Fuhren 11 Meilen und 31

[1] Bereits 1805 waren starke Lieferungen an das Rufsland gegenüber aufgestellte preufsische Beobachtungscorps erfolgt. Krueger, Seite 28 ff.

7 Meilen senden müssen[1]. Die Lieferungen gingen in den nächsten Jahren weiter, hauptsächlich zur Verpflegung der französischen Truppen in den Festungen. 1807 waren 27 Scheffel 4 Metz Mehl, 545 Scheffel Hafer, 54½ Centner Heu, 5 Schock 27 Bund Stroh zu liefern, 1808 und 1809 waren nur die Quanta beim Hafer um die Hälfte geringer.

Der Verlust der Beynuhner Güter wurde auf 18 090 Thaler, der der Dombrowker auf 9511 Thaler berechnet. In Beynuhnen fehlten zur Anschaffung des notwendigen Betriebs- und Nutzviehs, Brot- und Saatgetreides, der Acker und Wirtschaftsgeräte 9356 Thaler. Noch weit schwieriger lagen die Verhältnisse für die bäuerlichen Wirte, denen niemand Kredit gewährte. Ihre Verluste erreichten oft die Höhe von 100 Thalern, eine Summe, deren Bedeutung am besten aus einem Vergleich mit dem Wert des durchschnittlichen Besatzes erhellt, der in dieser Zeit etwa 75 Thaler betragen mochte. Vielfach mufsten die Bauern vollständig vom Grundherrn unterhalten werden, z. B. die 10 Wirte des Dorfes Bockellen seit Mitte April 1807. Ungleich nachhaltiger waren die Schädigungen während des Jahres 1812 beim Durchmarsch der grofsen Armee. Nachfolgende Tabelle giebt die Gesamtsumme des Schadens, im einzelnen die Anzahl der mitgenommenen Pferde und Wagen, sowie den Wert der Schädigung, die durch Verheerung der Felder und Abdecken der Strohdächer entstand, an.

Namen der Güter	Gesamtschaden			Schaden durch Verheerung der Felder und Abdecken der Strohdächer			Anzahl der entwendeten Pferde	Anzahl der entwendeten Wagen
	Thlr.	gr	pf	Thlr.	gr	pf		
Eiserwagen	3703	57	11	595	52	9	38	8
Glafshütte	853	54	—	550	75	—	1	1
Gnie	8551	50	9	2704	64	—	48	6
Mauenwalde	426	31	—	—	—	—	1	—
Nagurren	2698	24	13	1289	63	13	11	3
Neuastrawischken . . .	6826	70	—	3059	15	—	30	9
Beynuhnen	18908	26	—	2458	—	—	198	50
Dombrowken	4582	50	9	1244	—	—	37	8
Launicken	4379	18	—	2388	18	—	41	8
Koppershagen	558	27	—	—	—	—	12	3

Nicht weniger fühlbar waren die Verluste der Bauern, durchschnittlich wurden ihnen 2—3 Pferde genommen. Am 25. April 1812 wurde aus einigen Orten gemeldet, dafs

[1] Vergl. Krueger, Seite 31.

die Leute bereits zu ungewöhnlichen Nahrungsmitteln, wie Baumknospen u. a. griffen. Nachfolgende Tabelle, die lediglich angiebt, was an Vieh von einigen Dörfern geliefert wurde, macht diese Behauptung wahrscheinlich. Es wurden bis zum 20. Juni 1812 mitgenommen oder geschlachtet.

Name des Dorfes und Zahl der Bauern		Pferde	Ochsen	Schafe
Sauskoyen	12	24	7	56
Gr.-Sobrost	16	36	5	28
Kl.-Sobrost	9	26	2	27
Gr.-Beynuhnen	14	22	5	31
Medunischken	18	53	10	54
Skirlaken	16	30	—	66
Kowarren	9	25	6	14

Dabei sind Schweine und Federvieh garnicht in Betracht gezogen. Dazu kommen mit dem Einrücken der Russen neue gewaltige Lieferungen und auch neuer Schaden, so bei den Steinorter Gütern von 7725 Thaler 76 Groschen. Der Gesamtschaden, den die v. Farenheidschen Güter erlitten, wird für die Jahre 1806—1807 auf 70084 Thlr. 88 Groschen angegeben, für das Jahr 1812 auf 58 884 Thaler, in Summa also auf 128 968 Thaler 88 Groschen [1]. Dabei sind die Lieferungen an die russischen und preufsischen Truppen nach dem Rückzuge der grofsen Armee nicht eingerechnet.

Die französischen Kriegsschäden von 1806—1807 wurden nicht ersetzt, ihre Höhe wird für Littauen auf 10 Millionen Thaler geschätzt. Erst im Jahre 1817 wurden $1^1/_2$ % derselben durch die sogenannten Retablissementsgelder wiedererstattet. Mit der Zahlung der Vergütungen für die Lieferungen an das russische und preufsische Heer aus den Jahren 1806 bis 1807 begann man erst 1811, in diesem Jahre hatten die v. Farenheidschen Güter noch 43 150 Thaler 29 Groschen 13 Pfennig zu beanspruchen.

Mit den Zahlungen für die Verluste im Jahre 1812 wurde 1816 der Anfang gemacht, bei Launicken wurde noch 1820 weiter gezahlt, bei Neuastrawischken noch 1821. Waren die

[1] Vergl. Beiträge zur Kunde Preufsens, Band I: „Darstellung der Leistungen, Lieferungen und Verluste aller Art der zum vormaligen Gouvernement zwischen der Weichsel und russischen Grenze gehörigen Provinzen in den Kriegsjahren 1807 und 1812/13". Der Schaden der Provinz von 1807 wird auf 56 Millionen Thlr. angegeben. Vergl. ferner Band VII derselben Zeitschrift „Ostpreufsische Schicksale im Jahre 1812."

Besitzer gezwungen, die für die Lieferungen ausgestellten Bons früher zu veräufsern, so mufsten sie sich mit $^1/_4$—$^1/_2$ des Nominalwertes begnügen. So betrug 1811 der Nominalwert der Bons der Herrschaft Gnie 3210 Thaler, 22 Groschen $^1/_2$ Pfennig, der Realwert 1079 Thlr. 31 Gr. 5 Pfg. Dabei wurden nur die direkten Lieferungen an das Magazin vollständig vergütet, von Requisitionen nur $^1/_3$ bis $^2/_3$ des Wertes. Ein Bauer aus Rossossen hatte z. B. im Jahre 1812 an die Franzosen Lebensmittel geliefert, die vollständig vergütet wurden, im Werte von 4 Thlr. 16 Gr. 10$^1/_2$ Pfennig, von anderen im Werte von 5 Thlr. 7 Gr. 9 Pfennig erhielt er nur $^2/_3$ also 3 Thaler 35 Groschen, von Dritten im Werte von 80 Thaler 7 Groschen 9 Pfennig nur $^1/_3$, also 26 Thaler 62 Groschen 9 Pfennig ersetzt. Es ist daraus ersichtlich, dafs vielfach über die Hälfte des Wertes der Lieferungen garnicht bezahlt wurde, freilich wird man annehmen dürfen, dafs oft auch zu hohe Angaben über die Verluste gemacht worden sind.

Jedenfalls erfährt das Bild in seinen allgemeinen Zügen keine Änderung, zumal wenn wir mit in Betracht ziehen, dafs die Jahre 1805 und 1806 eine schlechte Ernte, das Jahr 1811 eine völlige Mifsernte, der Winter 1807—1808 ein recht verbreitetes Viehsterben brachten. Auf sämtlichen hier in Frage kommenden Vorwerken und Dörfern mit Ausnahme eines einzigen Dorfes sind im Jahre 1811 nur 1 bis 3 Körner erbaut worden. Überall, wo nur bis 2$^1/_2$ Körner erbaut wurden, mufste die gesamte Pacht und Zins erlassen werden, wo drei Körner erbaut wurden, begnügte sich der Verpächter mit $^1/_3$ der Pacht. Vielfach mufste das Saat- und Brotgetreide zugekauft werden, dabei waren die bis dahin niedrigen Getreidepreise 1812 ganz bedeutend gestiegen. Ebenso allgemein war das Viehsterben im Winter 1807 bis 1808, es blieben z. B. auf den Angerapper Gütern von 7 Bullen, 14 Ochsen, 46 Kühen, 20 Stück Jungvieh, das dem Gutsherrn selbst gehörte, nur 3 Bullen, 4 Ochsen, 12 Kühe, 4 Stück Jungvieh am Leben. Das sämtliche Leutevieh auf den Vorwerken und in dem Dorfe Stibircken erlag bis auf eine Kuh der Seuche. Wurde auch hierfür vom Staate ein gewisser Ersatz geleistet, so trugen diese wirtschaftlichen Unglücksfälle doch mit dazu bei, die unter den Kriegslasten ohnehin schon schwierige Lage der Landwirtschaft zu verschlechtern.

Unter solchen Verhältnissen prefsten die ungeheueren Anforderungen, die der Befreiungskrieg an den Opfermut der Bevölkerung stellte, dem ausgesogenen Lande seine letzten Kräfte aus. Es bedeutete viel, wenn z. B. die Angerapper Güter nach den Verlusten des Jahres 1812 für die preufsische Armee im Jahre 1813 noch 15 Pferde stellten. Eingezogen als Soldaten wurden bis zum August 1813 32 Leute, bis zum

Mai 1814 waren es 40, die Bevölkerung wird 450 Personen nicht überschritten haben. Die Herrschaft Gnie, 3 Vorwerke und 4 Dörfer umfassend, hatte 14 Landwehrmänner auszurüsten. Eine derartige Inanspruchnahme der arbeitsfähigsten Kräfte der Bevölkerung machte es vielfach unmöglich, die ganze Ernte während der Kriegsjahre zu bergen, in Gnie mufste 1813 der Hafer auf den Feldern verderben. Dazu kamen fortgesetzte Lieferungen, zunächst an das russische und preufsische Heer, so lange es in der Provinz selbst stand, dann an das Danziger Belagerungscorps, schliefslich an die russischen Ersatztruppen. So lieferten z. B. die Eiserwager Güter allein den russischen Ersatztruppen vom 30. Juni 1814 bis 30. Mai 1815 Vorräte im Werte von 1820 Thaler 30 Groschen 15½ Pfennig.

Nicht weniger wurde seit 1807 die Steuerkraft der ländlichen Bevölkerung auf das höchste angespannt. Zunächst wurde 1807 und 1808 ein Zwangsdarlehn zur Aufbringung der Kriegskontribution notwendig, das mit 5 % verzinst werden sollte, die Beynuhner Güter hatten 1050 Thaler, die Angerapper 990 Thaler zu zahlen. 1810 wurde eine Landeskonsumtionssteuer eingeführt, der Getreide- und Hülsenfrüchte jeder Art, sowie Schlachtvieh unterworfen waren. Roggen, Gerste, Hafer, Buchweizen und Hülsenfrüchte wurden pro Scheffel mit 2 Groschen 6 Pfennig Steuer belegt, Weizen mit 12 Groschen, Weizenmalz mit 18 Groschen, Roggenmalz mit 12 Groschen. Bei Branntwein, der aus anderen Getreidearten gezogen wurde, betrug die Steuer pro Quart 1 Groschen. Bei Schlachtvieh, das zum Verkauf geschlachtet wurde, mufste für 1 Ochsen oder Stier 4 Thaler, 1 Kuh oder Färse 3 Thaler, 1 Schwein 12 Groschen, 1 Kalb, Schaf oder Ziege 10 Groschen, 1 Lamm 6 Groschen und 1 Spanferkel 4 Groschen erlegt werden. Bei eigener Konsumtion betrugen die Sätze bei Ochsen oder Stier bis 200 Pfund Gewicht 2 Thaler, darüber 4 Thaler, Kuh oder Färse bis 200 Pfund 1 Thaler, darüber 3 Thaler, bei Kalb, Schaf oder Ziege bis 25 Pfund 5 Groschen, darüber 10 Groschen, Schweine bis 80 Pfund 6 Groschen, bis 120 Pfund 8 Groschen, darüber 12 Groschen. Vorräte über 1 Scheffel an Mehl, Graupe und Grütze, sowie Fleischbestände von mehr als 50 Pfund sollten besteuert werden. Interessant ist bei der Aufnahme der Vorräte, dafs sich bei fast allen Klassen der Bevölkerung oft beträchtliche Fleischvorräte von 60—70 Pfund in der Regel finden, niemals aber bei Losleuten. Auch dieses ist für ihre Lage bezeichnend. 1811 wurde eine Fiskalkopfsteuer eingeführt, die alle über 12 Jahre alten Personen mit einem monatlichen Beitrag von 3 Groschen 13½ Pfennig belegte.

1812 mufste zur Verpflegung der Truppen in den Oderfestungen eine Klassensteuer eingeführt werden. Sie betrug bei Einkommen bis 40 Thaler 15 Groschen, bis 100 Thaler 30, über 100 Thaler 45 Groschen. Knechte, Mägde, Losleute, Instleute, Hirten, Schulmeister, ein kleiner Prozentsatz der Handwerker, meist Schuster und Schneider, wurden auf Einkommen von 20 Thaler im Durchschnitt eingeschätzt und zahlten 15 Groschen; Bauern, Kossäten, die grofse Masse der Handwerker, die Krüger, Waldwarte, die besser gestellten Gutsleute, wie Kutscher, Kämmerer, Brauer, Brenner, Ziegler und Schäfer fielen in die zweite Klasse und zahlten 30 Groschen. Nur wenige höhere Angestellte der Gutswirtschaft, wie 1 Sekretär, 1 Rofsarzt, 1 Mamsell fielen in die dritte Klasse und zahlten 45 Groschen. Höhere Klassen sind unter der Landbevölkerung nur ausnahmsweise vertreten, auf den Angerapper Gütern finden wir nur noch 1 Schmied mit einem Einkommen von 200 Thaler und einem Beitrag von 1 Thaler, 1 Kaplan mit 280 Thaler Einkommen und 1 Thaler Beitrag; der Pfarrer zahlt von 499 Thaler 2 Thaler Steuer, der Gutsherr wird auf 2500 Thaler eingeschätzt, wovon er 25 Thaler Steuer entrichtet. Gleichzeitig wurde in demselben Jahre 1812 eine Vermögens- und Einkommensteuer eingeführt. Sie betrug vom Grundeigentum und beweglichem Vermögen 2½ %, 1 % war am 1. Oktober 1812, 1 % am 1. Januar 1813, das letzte halbe % am 1. März 1813 zu zahlen.

Die Einkommensteuer betrug bei Einkommen bis 300 Thaler 1 %, darüber 5 %. Bauern und besser gestellte Handwerker zahlten 67 ½ Groschen, Kossäten und die grofse Masse der übrigen Bevölkerung 45 Groschen.

Es ist verständlich, wenn unter einem so ungeheuren Steuerdruck, der auch auf den kleinsten Einkommen lastete, die Berichte über die Lage der ländlichen Bevölkerung ein wahrhaft erschreckendes Bild entrollen. Es ist bereits erwähnt worden, zu welchen Nahrungsmitteln die hungernde Bevölkerung vielfach griff. Am trübsten gestalteten sich natürlich die Verhältnisse der besitzlosen Losleute, die bei der allgemeinen Einschränkung keine Arbeit erhielten; sie mufsten von der Gemeinde unterhalten werden. Der Lohn der Vorwerksknechte und Mägde wurde bedeutend herabgesetzt. Das Gesinde bei den Bauern diente fast nur um das Brot, Bauernmägde erhielten fast nie mehr wie 1 Thaler baren Lohn, dazu einige Ellen Leinwand, die Speisung wurde auf 10—16 Thaler veranschlagt, ihr ganzes Einkommen erreichte demnach nicht 20 Thaler. Dabei wurden auch sie von den Steuern getroffen. Die Instleute fielen vielfach bereits 1807—1808 ihrer Herrschaft zur Last, die zum teuersten Preise das Getreide für ihren Unterhalt erstehen mufste. Dabei wuchsen ihre Schulden bei der Herrschaft unausgesetzt, die der 12 Instleute aus Koppershagen z. B. vom Jahre 1806—1810 um 328 Thaler. Natürlich gestaltete sich auch die Lage namentlich der Dorfhandwerker, denen niemand Beschäftigung gab, äufserst trübe. Jetzt nahmen auch die Besitzwechsel der Bauern zu besseren Rechten häufig überhand, obwohl die Herrschaft durch Remissionen oder gänzlichen Erlafs der Pacht sie möglichst zu unterstützen suchte. Der Mangel an Arbeitsvieh, das die Truppen mitgenommen hatten, verhinderte die Bestellung der Felder, das nötige Saatkorn mufste gleichfalls von der Herrschaft geliefert werden, oft auch das ganze Brotgetreide, das Schuldkonto bei der Herrschaft wurde dadurch immer weiter erhöht, so das der 6 Bauern zu Potawern vom Jahre 1806—1810 um 892 Thaler 63 Groschen. Ein bis zwei Jahre genügten vielfach, um einen Wirt völlig zu ruinieren. 1812 übernahm ein Bauer mit völlig ausreichenden Mitteln ein schuldenfreies Erbe zu Illmen. Er hatte bis 1814 Lieferungen im Werte von etwa 90 Thaler geleistet, die Bons dafür hatten einen Wert von 34 Thaler. Der Herrschaft schuldete er bis dahin 79 Thaler. Sein Hof wurde subhastiert und brachte 47 Thaler, er zog daher nach Verpfändung der Bons mit dem Überschufs von 2 Thaler ab. Äufserst drückend gestaltete sich unter solchen Verhältnissen die Ausrüstung der Landwehr, die den Bauernhof mit etwa 8 Thaler belastete.

Es kann aus dieser Übersicht über die Lage der breiten Massen der Landbevölkerung entnommen werden, wie sehr die diesbezüglichen Lasten die Kräfte der Gutsherren in Anspruch nahmen. Trotzdem der Gutsherr bei den hier in Frage kommenden Gütern reichliche Pachtremissionen bereits nach 1807 eintreten liefs, war ein Teil der Pächter schon vor 1812 ruiniert und mufste die Pacht aufgeben. In Klein-Mauen zog bereits 1807 der Pächter mit einer Schuld von über 919 Thaler ab, in Koppershagen 1811 mit einem Minus von 300 Thaler. In Launicken hatte der Pächter bis 1808—1809 ein Minus von 1880 Thaler zu verzeichnen, es vergröfserte sich 1809 bis 1810 um 719 Thaler, 1810—1811 um 2311 Thaler, 1811 bis 1812 um 2898 Thaler, in Summa sind es bis zu dem letztgenannten Jahre 7808 Thaler, wovon der Gutsherr 3109 Thaler vergütet, es bleibt auf dem Pächter eine Schuld von 4699 Thaler lasten. In dem Bericht an den Grundherrn führt er als Gründe seines Ruins Abschlag des Geldes, ungeheure Lieferungen, Verluste an Pferden und Vieh, schlechte Preise, Krieg und Mifswachs an. Vielfach mufste sich der Gutsherr freuen, wenn er überhaupt einen Pächter fand; so wurden Nagurren und Glafshütte, die bisher 1966 Thaler 60 Groschen jährlich an Pacht gebracht hatten, 1813 wieder verpachtet, bis 1815 nur gegen Zahlung von Kontribution und Decem, 1815—1816 sollten 100 Thaler Pacht gezahlt werden, 1816—1817 200 Thaler und so weiter fort jährlich je 100 Thaler mehr, bis 1820—1821 600 Thaler erreicht waren. Derartige Pachtkontrakte waren die Regel. Wir begnügen uns an dieser

Stelle mit diesen wenigen, aber für die Wirkungen der Kriegsjahre so bezeichnenden Beispielen, um zunächst die gutsherrlich-bäuerliche Regulierung zu betrachten, deren Folgen nicht minder tiefgreifende für die wirtschaftliche Lage des Grundbesitzes waren, wie die der Kriegsjahre, um dann die so wichtige Verschuldung des Grundbesitzes ins Auge zu fassen, die sich in der Hauptsache auf die erwähnten beiden Ursachen zurückführen läſst, ohne daſs eine Scheidung im einzelnen möglich ist.

Viertes Kapitel.

Die Regulierung der gutsherrlich-bäuerlichen Verhältnisse.

Von den etwa 30 v. Farenheidschen Dörfern war es nur bei 15 möglich, genügendes Material für einen Einblick in die Regulierung zu erhalten. Da aber diese 15 Dörfer in den verschiedenen Güterkomplexen gelegen waren, und sich in den Hauptmomenten der Regulierung fast völlige Übereinstimmung fand, so gehen wir wohl nicht zu weit, wenn wir in den Ergebnissen dieser Untersuchung auch die Hauptzüge der Regulierung in diesen Gegenden überhaupt gefunden zu haben glauben. Es waren die Jahre 1819—23, während der sich dieser Vorgang vollzog. Die Steinorter Dörfer konnten nur soweit herangezogen werden, als gewisse allgemeine Wirkungen der Regulierung sich auch bei ihnen erkennen liefsen, für die Darstellung des eigentlichen Regulierungsaktes fehlte das Material.

Im ganzen sehen wir das bei den schlechten Kreditverhältnissen durchaus erklärliche Bestreben des Grundherrn darauf gerichtet, eine feste Rente der Abtretung der Hälfte des Landes, denn diese findet hier regelmäfsig statt, vorzuziehen[1]. Bei neun Dörfern mit 83 Bauern blieben diese im

[1] Die Regulierung der gutsherrlich-bäuerlichen Verhältnisse erfolgte auf Grund des Edikts vom 14. September 1811 und der Deklaration vom 29. Mai 1816. Nach dem ersteren sollten in Wegfall kommen auf der Seite des Bauern alle Frondienste, Geld- und Naturalabgaben und die Berechtigung des Gutsherrn auf das Bauernland, auf der Seite des Gutsherrn seine Unterstützungspflicht, Steuervertretung und Baulast, das Recht des Bauern auf Holzbezug und ihre Hütungs- und Waldgerechtsame an gutsherrlichem Land und Wald. Das Bauerngut samt der Hofwehr sollte der Bauer zu vollem Eigentum bekommen. Dafür hatte der erbliche Lassit ein Drittel seines Landes, der Pachtbauer die Hälfte dem Gutsherrn zu vollem Eigentum abzutreten. Nur wenn das Bauerngut zu

Besitz ihres ganzen Landes. In 7 dieser Dörfer zahlten die Bauern eine Rente, die zwischen 16 und 55 Thaler schwankte, im Durchschnitt betrug sie 36 Thaler. Vielfach war die Rente nur für die ersten zehn Jahre festgesetzt, dann sollte sie nach den zehnjährigen Martinimarktpreisen der nächsten Stadt für eine gewisse Anzahl Scheffel Roggen und Gerste festgesetzt werden. Bei zwei Dörfern kauften die Bauern ihre Höfe dem Grundherrn ab, das Kaufgeld blieb auf den Höfen stehen und wurde mit 5% verzinst. Die Berechnung der Rente erfolgte in der Weise, dafs der Reinertrag des betreffenden Bauerngutes bestimmt, und die Hälfte desselben als Rente festgesetzt wurde, die somit als Entgelt für die eigentlich abzutretende Hälfte des Landes dienen sollte. In 6 Dörfern mit 81 Bauern traten diese die Hälfte des Landes dem Gutsherrn ab, der damit auch die Hälfte der Staats- und Gemeindeabgaben übernahm, und behielten die zweite Hälfte erb- und eigentümlich. Verschiedenfach wiederholte sich der Vorgang, dafs die Bauern nicht in der Lage waren, Rente und staatliche Abgaben zu entrichten, sodafs der Gutsherr schliefslich doch die Hälfte des Landes übernehmen mufste, wie z. B. bereits 1826 bei den 9 Kossäten von Gr. Szabienen. Überhaupt waren die Bauern selbst weit mehr geneigt, den Gutsherrn mit der Hälfte des Landes abzufinden, da sie die bare Geldsumme schreckte. Soweit Bauern mit $1^1/_2$—2 Hufen Besitz in Betracht kamen, entsprach eine derartige Regelung, wenigstens für die nächste Zeit, auch durchaus ihren wirtschaftlichen Interessen; denn gerade die Rente zahlenden Bauern gingen zu Grunde, wie es das folgende Jahrzehnt lehrte. Man mag im Interesse einer späteren Zukunft die Verminderung des Bauernlandes noch so sehr bedauern, jedenfalls behielten diese Bauern, die im Besitze von $^3/_4$—1 Hufe blieben, noch immer den Charakter des specifischen Bauerntums, das lediglich seine Arbeitskraft auf dem eigenen Gute verwertet und nicht auf Nebenverdienst angewiesen ist. Anders gestalteten sich natürlich da die Verhältnisse, wo, wie in Szabienen, Kossäten, die im Besitze einer halben Hufe waren, zu Viertelhufnern herabsanken. Da konnte von einer Ausnutzung der Kräfte in der eigenen Wirtschaft nicht die Rede sein, hier waren die Vorbedingungen zu einem grundbesitzenden Proletariat oder zu jenen wenig erfreulichen Existenzen

klein war, sollte eine Rente in Geld gleich $^1/_3$ resp. $^1/_2$ des Ertrages gezahlt werden. Die Regulierung sollte aber nur auf Antrag einer der beiden Parteien erfolgen. Die Deklaration von 1816 bedeutete eine grofse Einschränkung des Edikts von 1811. Es wurden von der Regulierung alle nicht spannfähigen Stellen und von den spannfähigen die nicht katastrierten ausgeschlossen. Sodann wurde der Bauernschutz ganz aufgehoben, es stand dem Gutsherrn jetzt frei, durch privatwirtschaftlichen Erwerb Bauerngüter an sich zu bringen.

gegeben, die, im Besitz von 2 Pferden, in der Hauptsache aus Lohnfuhren ihren Unterhalt gewinnen, durch ihre unstete Lebensweise aber nur zu leicht den Lockungen des Alkohols unterliegen. Ebenso wie die Bauern nur ungerne auf eine Entschädigung durch Rente eingingen, setzten sie in den meisten Fällen den Versuchen des Grundherrn, mit der Regulierung zugleich die Separation der Bauerngüter unter sich zu verbinden, erfolgreichen Widerstand entgegen. Er mufste sich daher mit der Trennung des neuerworbenen gutsherrlichen Landes vom bäuerlichen begnügen. Die Separation des Bauernlandes in einzelne Höfe begann sich erst um 1830 zu vollziehen, unter hohen Kosten für die Beteiligten und erbitterten Kämpfen in der Dorfgemeinde[1]. Den Wert der einzelnen regulierten Bauernhöfe finden wir je nach der Gröfse auf 350 bis 1000 Thaler angegeben. Im allgemeinen werden die um die Hälfte verringerten Höfe auf 350—400 Thaler, die in ihrer Gröfse erhaltenen Güter auf 550—600 Thaler abgeschätzt. Verpflanzungen der gesamten Bauern eines Dorfes nach einer anderen Feldmark und Verwandlung des ersteren in ein Vorwerk, kamen in zwei Fällen vor, in einem dritten Fall geschah dies teilweise. Nicht regulierungsfähig waren in diesen Dörfern, so weit es sich feststellen liefs, kaum 10 % der Bauernhöfe, im allgemeinen liefs aber der Grundherr auch diese, wie das Beispiel von Bockellen zeigte, wo von 10 Bauern 3 nicht regulierungsfähig waren, nach kurzer Zeit zur Regulierung unter denselben Bedingungen zu. Prozesse über die Regulierungsfähigkeit eines Hofes wurden nur selten geführt.

Selbstverständlich übernahmen die Bauern auch alle Staats- und Kommunalabgaben, unter letzteren namentlich auch die Instandhaltung der Wege, Stege und Brücken innerhalb der Dorfgrenzen. Auf freies Bau- und Feuerungsmaterial, ebenso auf freie Waldweide mufsten sie verzichten, jedoch wurde vielfach ein bestimmtes Weidegeld festgesetzt. Die Naturallieferungen und Frondienste hörten auf, jedoch behielt sich die Herrschaft bei Unglücksfällen, namentlich auch für den Bau der neu einzurichtenden Vorwerke, gewisse Hülfsdienste gegen bestimmte Entschädigung vor; es wurden für 1 Gespann von 4 Pferden 24—30 Groschen pro Tag bezahlt. Ebenso blieben die Bauern und der Krüger verpflichtet, ihren Bedarf an Getränken der nächsten herrschaftlichen Brauerei oder Brennerei zu entnehmen. Häufig wurde bestimmt, dafs Obstgärten anzulegen seien, und 10 Jahre hindurch sollte jeder Bauer je 10 Obstbäume pflanzen, zuweilen war diese Bestimmung auch auf Bäume an den Strafsen ausgedehnt.

Bei der Translokation von einem Ort zum andern suchte die Herrschaft die Bauern möglichst selbst zur Übernahme der Bauten

[1] Vergl. Tribukeit, Seite 44 ff.

zu bestimmen. Sie zahlte ihnen dann in der Regel 50 Thaler Entschädigung, der Zins während des Baujahres wurde erlassen, das Material frei geliefert. In den hier in Frage kommenden 15 Dörfern baute die Herrschaft selbst 17 Bauerngehöfte. Über die Kosten kann ein Einblick in die Forderungen der Handwerker unterrichten. Der Maurer nahm bei Bau eines Hauses von 38 Fuſs Länge und 26 Fuſs Breite, wenn ihm ein herrschaftlicher Handlanger gestellt wurde, 8 Thaler, sonst 12 Thaler, der Zimmermann 20 Thaler, sonst 25 Thaler, beim Bau einer Scheune von 26 Fuſs Länge und 26 Fuſs Breite der Maurer 5 oder 7 Thaler, der Zimmermann 15 oder 20 Thaler. Nimmt man einen Stall dazu, so kam ein Bauernhof der Herrschaft, das Material und ebenso die Anfuhr nicht gerechnet, auf 70—80 Thaler zu stehen. Versichert waren die Höfe meist mit 150 Thaler gewesen, die Herrschaft hatte die Feuergelder gezahlt, natürlich fiel diese Last jetzt den Bauern zu, die sich aber derselben bei ihrer wirtschaftlichen Beschränktheit allzuhäufig entzogen.

Wir gehen jetzt dazu über, die Wirkungen der Regulierung auf die gutsherrlichen und bäuerlichen Betriebe festzustellen. Zunächst erfuhr die Verschuldung der Bauern, die durch die Kriegsjahre und wirtschaftlichen Unglücksfälle schon bis zu bedeutender Höhe gestiegen war, eine weitere Zunahme, namentlich da, wo das ganze Land gegen eine Rente übernommen war.

1823 betragen die Reste der 35 Bauern der Dörfer Christophsdorf, Lehnkendorf, Groſs-Dwillin, Klein-Dwillin und Friedrichsfelde zusammen 2355 Thaler, 1829—1830 schulden sie 2967 Thaler. Erst 1836, nachdem ihnen zu ihrer Konservierung die Abzahlung der Rente ohne Zinsen auferlegt war, findet sich bei vielen die Notiz „Erholt sich“; zugleich war auch der Übergang zur Koppelwirtschaft vollzogen worden. Nicht immer war es der Grundherrschaft möglich, einen so langen Zeitraum zur Wiedergesundung zu gewähren, vielfach war die Verschuldung eine so hohe, daſs eine Besserung nicht zu erwarten war und Subhastation eintreten muſste. Bei Rossossen waren 1824 die Bauern durch Rente bereits derartig verschuldet, daſs der Gutsherr schon in diesem Jahre die Höfe übernehmen muſste. Da sich bei den Subhastationen Käufer kaum einfanden, oder die Gebote äuſserst niedrige waren, so blieb der Grundherr Meistbietender, in Rossossen z. B. bei Höfen, die auf 400 Thaler abgeschätzt waren, mit 49 Thaler, also einem Achtel des Werts durchschnittlich. Auch die Bauern der Herrschaft Steinort waren schwer verschuldet, 1827 schulden 5 Bauern zu Stawisken 286, 4 zu Taberlack 407, 13 zu Pristanien 832 Thaler. Die Subhastationen vollzogen sich in ähnlicher Weise. Die Lieferungsscheine waren in vielen Fällen schon vor der Regulierung in Pfand genommen worden; war das noch nicht geschehen, so wurden sie jetzt verpfändet, ohne mehr wie einen Aufschub zu bringen. Weniger die Verringerung des Bauernlandes durch den blofsen Akt der Regulierung, als die Wirkung der Rentenlast hat den bäuerlichen Besitz in diesen Gegenden aufs schwerste geschädigt, viele ehemalige Besitzer zur Klasse der Losleute hinabgedrückt. So konnte sich die Zahl der letzteren in den Dörfern Thalau, Grofs Beynuhnen, Skirlack und Kermuschienen während der Jahre 1823—1835 von 76 auf 169 vermehren. Von Farenheid schätzte 1839 die Zahl der Bauern in seiner Gegend auf $^1/_8$ des Bestandes von 1811[1].

In der Steinorter Begüterung befanden sich 1795 86 Bauern und 75 Inst- und Losleute, 1830 10 Bauern, 12 bäuerliche Pächter und 178 Instleute, unter letzteren einige Morgner, d. h. ehemalige Bauern, die sich in jedem Schlage einen Morgen ausbedungen hatten. Im Laufe des 19. Jahrhunderts wurden auch die letzten Bauern ausgekauft, ein geradezu erschreckendes Beispiel für das Wirken des Fideikommisses, zum Teil auch darauf zurückzuführen, dafs hier keine Übergangsstufe in der Gestalt der Zinsbauern vorhanden war, und der masurisch-polnische Bauer hinter dem deutsch-littauischen bedeutend an Intelligenz zurückstand.

Wir gelangen jetzt zur Beantwortung der Frage nach den Wirkungen der Regulierung auf den Grofsbetrieb. Wir sahen bereits, wie bedeutende Kosten dem Grundherrn aus dem notwendig gewordenen Bau von Bauerngehöften erwuchsen, wir müssen hier nebenbei bemerken, dafs andererseits nach der Abtretung einer Hälfte des Landes, da wo die Bauern auf ihren alten Höfen wohnen blieben, die Wirtschaftsgebäude für das verringerte Land weit zu grofs waren, eine Verschwendung von Baukapital also stattfand. An und für sich bedeutete der blofse Akt der Regulierung, der durch die Generalkommission vorgenommen wurde, für den Besitzer manches Guts, da er nur allein die Kosten zu zahlen hatte, eine Ausgabe von 700 Thlrn. Weit unheilvoller als diese direkte Ausgabe hatte die bereits vor Veröffentlichung der Edikte angeregte Wegnahme des Bauernlandes durch Erschütterung des Kredits gewirkt. Vielfach begannen die ängstlich gewordenen Gläubiger sich der im wirtschaftlichen Interesse an manchen Orten notwendig gewordenen Translokation der Bauern zu widersetzen, und bedurfte es oft langer Unterhandlungen, bis es dem Gutsherrn gelang, seine Absichten zu verwirklichen. Ganz besonders wurde es in diesen Zeiten allgemeinen Geldmangels[2]

---

[1] v. Haxthausen sagt Seite 106: „Der Übergang zum Instmannsstande wird weder für im mindesten herabwürdigend noch für unvorteilhaft erachtet, wie dies in Deutschland in den Getreideländern, wo die grofsen Bauernwirtschaften vorherrschen, überall der Fall ist."

[2] 1823 berichtet der Landrat des Kreises Darkehmen (Akten des

und Unsicherheit des Kredits den Gutsherren schwer, das zur Umgestaltung ihrer Wirtschaft notwendige Kapital zu erhalten. Zunächst war durch den Wegfall der Frondienste ein Mangel an menschlichen und tierischen Arbeitskräften entstanden. Die dadurch erforderliche Vermehrung des Betriebskapitals veranlafste wiederum eine Erhöhung des Baukapitals durch die notwendig gewordene Anlage von Instwohnungen und Viehställen. War die Hälfte des Bauernlandes abgetreten worden, so wurde, wo eine Angliederung an die alte Wirtschaft nicht möglich war, der Bau und die Besetzung von Vorwerken mit Menschen und Vieh notwendig. Einzelne Beispiele sollen als Beleg herangezogen werden. Auf dem Gute Mauenwalde leisteten die 10 Bauern von Schneiderin 260 Spanndienste und 420 Handdienste, nach der Regulierung wurde die Anschaffung von 2 Gespann Pferden, 4 Joch Ochsen, die Annahme von je 2 Knechten und Mägden notwendig. Aufserdem fiel das halbe Bauernland, 631½ Morgen, an den Gutsherrn. Er glaubte Stallung erbauen zu müssen für 18 Ochsen, 16 Pferde, 50 Stück Nutzvieh und ein Haus mit 8 Stuben für ebensoviel Instfamilien. Natürlich war es nur möglich, einen kleinen Teil des Inventars an Vieh der Zucht des Hauptguts zu entnehmen, der gröfsere Teil mufste neu gekauft werden und ebenso das tote Inventar. Die Launicker Güter, auf denen die 20 Bauern aus Efszergallen und Grutteln 444 Spanndienste und 280 Handdienste zu leisten hatten, mufsten nach der Regulierung, wohl auch nach Abtretung der Hälfte des Bauernlandes, 36 Arbeitspferde und 21 Ochsen, 10 Wagen anschaffen und ebenso das nötige Nutzvieh mehr halten. Auf der Herrschaft Gnie kamen die 1120 Spanntage und 1070 Handtage der 35 Bauern aus den Dörfern Christophsdorf, Lehnkendorf, Friedrichsfelde und Dwillin in Wegfall, wofür 2 Gespann Pferde und 4 Joch Ochsen angeschafft werden mufsten, an menschlichen Kräften mufsten 2 Gespannknechte und 6 Instleute angesetzt werden. Eine Landabtretung hatte hier nicht stattgefunden, dafür wird ein Teil des Arbeitsviehs auf Rechnung der intensiver betriebenen Wirtschaftsweise zu setzen sein. Die Anschaffungskosten für 1 Gespann Pferde wurden auf 160 Thlr. für eine Zoche mit 2 Ochsen auf 54 Thlr, für die Wohnung z. B. von 6 Familien auf 426 Thlr. angenommen. Im ganzen gab von Farenheid, der sich mit 212 Bauern auseinanderzusetzen hatte, seine Verluste auf 190000 Thlr. an, seine baren Ausgaben für Bauten und Anschaffung des Vorwerks-Inventars betrugen 36000 Thlr. Man kann daraus ermessen, in welche Schwierigkeiten die Durchführung der Regulierung Wirt-

königlichen Staatsarchivs zu Königsberg), in manchen Ortschaften seien nicht 15 Sgr. aufzutreiben, ein derartiger Mangel an barem Geld herrsche.

schaften brachte,, die der Krieg ohnehin an den Rand des Ruins geführt hatte.

Im folgenden sollen nach einer Betrachtung der Verschuldungsverhältnisse beim Grofsbetrieb und einer Skizzierung der allgemeinen Lage, im einzelnen die Mittel und Wege betrachtet werden, mit denen Staat und Privatwirtschaft den Ruin der Landwirtschaft wieder zu heilen suchten.

Fünftes Kapitel.

Die Bemühungen der Interessenten und des Staates um die Wiedergesundung der ländlichen Wirtschaften.

Die beiden vorangegangenen Kapitel haben im einzelnen die verderblichen Folgen der Kriegsjahre und der Regulierung für die Landwirtschaft klar gelegt. Bevor hier die Verschuldung des Grundbesitzes im allgemeinen betrachtet werden kann, müssen noch einige Momente erörtert werden, die von erheblicher Bedeutung für die Gestaltung der Verhältnisse waren. Zunächst darf die Thatsache nicht aufser acht gelassen werden, dafs es eine Zeit gröfster Blüte der Landwirtschaft war und dementsprechend hoher Bodenpreise, in der die meisten Güter angekauft waren, die letzten 20 Jahre vor 1806. Wenn daher in einer Zeit des allgemeinen Preissturzes, wie sie seit 1806 his zu den dreifsiger Jahren etwa anhielt, bei manchen Gütern, wie das bei Neuastrawischken, Mauenwalde, Nagurren und Illmen der Fall war, die Revenuen nicht mehr die Hypothekenzinsen erreichten, so darf das nicht lediglich als Folge der Kriegsdevastationen, sondern auch als Folge des hohen Kaufpreises angesehen werden[1]. Schwer schädigend wirkte auch die auf Napoleons Befehl vollzogene Handelssperre gegen England, wodurch die Getreidepreise künstlich niedrig gehalten wurden, während für Kolonialwaren, die trotz der eigenen Einschränkung für die Einquartierung notwendig waren, hohe

[1] Vergl. Altpr. Monatsschrift, Band II Seite 157 ff. und Krueger, Seite 23. Es heifst daselbst: „Eine natürliche Folge des Aufblühens der Landwirtschaft in der Provinz Preufsen am Ende des 18. Jahrhunderts war eine grofse Steigerung der Güterpreise und demnächst ein schwunghaft betriebener Güterhandel. Alle disponiblen Kapitalien wurden in ländlichen Hypotheken angelegt, zu denen man ein unbedingtes Vertrauen hegte; und andererseits trugen die Käufer kein Bedenken, die Gelegenheit zu benutzen und mit Übernahme von grofsen Schuldenlasten, auch bei geringem eigenen Vermögen, augenblicklich vorteilhafte Gutskäufe abzuschliefsen."

Preise gezahlt werden mufsten. Auf den furchtbaren Steuerdruck ist bereits in einem vorangegangenen Kapitel hingewiesen worden, er verschärfte sich immer mehr. Dazu kam eine Steigerung der Armenlast infolge der vielen zurückgebliebenen Witwen und Waisen, deren Ernährer in den Befreiungskriegen gefallen waren, und die Einführung einer Invalidensteuer, die alle Kreise umfafste. Heftig klagte man in dem Bericht des ständischen Komitees vom Jahre 1822 über den hohen Importationszoll auf Heringe, der 50 % betrug und die fremden Schiffe fernhielt, was wiederum auf das ganze Land zurückwirkte; andrerseits war der Export von Leder- und Holzwaren nach Rufsland durch hohe Zölle sehr erschwert. Vor allem aber traf die ländlichen Kreise die 1819 eingeführte Erhöhung der Branntweinsteuer auf das Vierfache, der Biersteuer auf das Doppelte. Vergeblich forderte man ihre Beseitigung, indem man darauf aufmerksam machte, dafs die Erhebungskosten 30 % des Brutto- und 50 % des Nettoertrages wegnahmen, dafs die Steuer stark zu Defraudationen namentlich die kleinen Brenner und Brauer anreizte, wodurch die gröfseren wiederum benachteiligt würden, schliefslich dafs der Schmuggel aus Rufsland überhand nehmen werde. Der Staat, selbst am Rande des Bankerotts, vermochte diesem gerechtfertigten Verlangen nicht zu entsprechen, er mufste die Steuern nehmen, wo er sie am besten erhalten konnte. An diese durch die politischen und staatlichen Verhältnisse herbeigeführte Misere reihten sich die Mifsernten von 1816 und der drei Jahre 1820—22. Der Schaden des furchtbaren Orkans vom 17. Januar 1818 wurde, ganz abgesehen von den Verwüstungen in den Forsten, für ganz Ostpreufsen auf 13,2 Millionen Mark geschätzt[1]. Hatte sich bis zum Jahre 1819, wie auch das ständische Komitee anerkannte, zum Teil unter dem Einflufs der heilsamen Steuergesetze, eine allmähliche Besserung eingestellt, so begann mit diesem Jahr das heftigste Ringen um die Existenz von neuem. Es bedurfte der ganzen Zähigkeit der Grofsgrundbesitzer, aber auch ihrer Pächter und Verwalter, um diesen Jahrzehnte langen Kampf, der im Jahre 1819 in sein heftigstes Stadium trat, bis zum Ende siegreich durchzuführen. Nicht so sehr die in der Begeisterung der Freiheitskriege gebrachten schweren Opfer, als dieser unausgesetzte Kampf gegen die wirtschaftliche Misere zeigt die charaktervolle Gröfse der damaligen Grofs- und Kleingrundbesitzer. Und wenn an dieser Stelle auch nur die wirtschaftlichen Mafsnahmen besprochen werden dürfen, so würde doch der glückliche Ausgang dieses Ringens unverstanden bleiben, wenn wir nicht hinzusetzen dürften, dafs die sittlichen Momente des Gottvertrauens und lebendigen altpreufsischen Pflichtbewufstseins, die in den Briefen zwischen Gutsherren,

---

[1] Vergl. Dr. A. Zweck „Littauen", Stuttgart 1898, Seite 117.

Pächtern und Verwaltern in ergreifender, oft überwältigender Gestalt hervortraten, in erster Linie den Erfolg verbürgten[1].

Wir fügen jetzt zur Kennzeichnung der Verschuldungsverhältnisse des ländlichen Grofsgrundbesitzes eine Tabelle an, die sofort zahlenmäfsig die Wirkung der in den vorangegangenen Kapiteln skizzierten Verhältnisse erkennen läfst:

Namen des Guts:	das Jahr des Kaufs	Preis Thlr.	Schulden vor 1807 Thlr.	Schulden um 1819 Thlr.
Eiserwagen	1792	80000	16000	89500
Beynuhnen-Insterb.	1796	100000	53716 2/3	55716 2/3
Beynuhnen-Rastenb.	1796	115000	40300	72300
Dombrowken	1796	78000	27987	52157 1/4
Launicken	1803	75000	31700	49200
Neuastrawischken	1800	60000	4333 1/3	39166 2/3
Mauenwalde	1804	35000	10000	27000
Nagurren	1793	21500	7000	11000
		564500	191037	394040 7/12

Die Landschaft nahm 4 1/3 %, sonst wurden 5—6 % Zinsen gezahlt.

In Prozenten ausgedrückt, betrugen die Hypotheken sämtlicher Güter vor 1807 33,8 %, um 1819 69,8 % des Kaufpreises, und das in einer Zeit, in der die Güterpreise gegenüber den Jahren des Ankaufs beträchtlich gesunken waren. So mufsten die während der Jahre 1792—1805 für 328690 Thlr. angekauften 10953 kullmische Morgen grofsen Güter Mauenwalde, Nagurren, Eiserwagen, Launicken, Koppershagen, Neuastrawischken, während der Jahre 1819—1834 für 236750 Thlr. verkauft werden. Während sich also die Hypotheken mehr als verdoppelt haben, sind die Güterpreise um mehr als ein Viertel ihres ursprünglichen Preises gesunken. Die Herrschaft Gnie ist schwer zum Vergleich heranzuziehen, da sie bereits 1771 für 36000 Thlr. gekauft war, in einer Zeit äufserst niedriger Güterpreise. Ihre Hypotheken betrugen damals 10000 Thaler, 1820 66000 Thlr., ihr Wert wurde aber auch in demselben Jahre auf 99099 Thlr. geschätzt. In den 49 Jahren von 1771—1820 war ihr Wert nicht ganz um das Dreifache, die Hypotheken aber um das 6 1/2 fache gestiegen. Bei einer derartig hohen Verschuldung war es nur natürlich, dafs die Mifsernten von 1820—23, infolge welcher die Pächter mehr als die Hälfte der Pacht schuldig blieben, die gänzliche Zahlung der Landschaftszinsen für Beynuhnen, Dombrowken, Gnie und Mauenwalde unmöglich machten. Sie sollten daher se-

[1] Korrespondenz v. Farenheids mit seinen Pächtern und Beamten.

questriert werden, jedoch begnügte sich die Landschaft mit dem Versprechen, dafs nach Berichtigung der öffentlichen Abgaben und der dringend notwendigen Wirtschaftsausgaben jeder Thaler Revenüen der Landschaftskasse überwiesen, und eine monatliche Übersicht der Ein- und Ausgaben eingereicht werden würde. Mit den Inhabern der verpachteten Güter trat die Landschaft direkt in Verbindung. Wie kläglich die Zahlungen an die Landschaftskasse waren, zeigt z. B. das Plus von $3^{1}/_{2}$ Thlrn. der Beynuhner Güter Gerdauenschen Kreises, das pro Januar 1824 dorthin abgeführt wurde. Juni 1824 sah sich daher die Landschaft genötigt, wenn auch in milder Weise, förmliche Sequestration zu verhängen. Im Mai 1825 vermochte sich v. F., dem eine staatliche Unterstützung von 9039 Thlrn. zugeflossen war, von ihr zu befreien. Jedoch drohte noch bis 1827, namentlich, nachdem 1826 die Wollpreise gesunken waren, die Sequestration immer wieder von neuem[1 2].

Nach dieser Übersicht über die Verschuldungsverhältnisse gelangen wir zur Betrachtung derjenigen Mittel, mit denen am Wiederaufbau der ruinierten Wirtschaften gearbeitet wurde. Über die bäuerlichen Wirte läfst sich nur wenig sagen, im ganzen werden sie sich die Mafsnahmen des Grofsgrundbesitzes zu eigen gemacht haben; während der kritischsten Zeit vom Jahre 1816—1826 bemühten sie sich, namentlich durch Holzfuhren für die Städte einen Nebenverdienst zu erwerben, wodurch andererseits auch dem Gutsherrn der Absatz seines Holzes ermöglicht wurde. Seit 1826 hörte jedoch dieser Nebenerwerb infolge Überfüllung des Marktes zum gröfsten Teil auf. Die Bauern in Masuren hatten sich, nach dem Bericht des ständischen Komitees, namentlich der Spinnerei und der Fertigung von Leinwand zugewendet[3].

Das Bestreben des Grofsgrundbesitzes richtete sich in erster Linie darauf, seine Lieferungsscheine möglichst schnell eingelöst zu erhalten, jedoch gelang es infolge der Armut des Staates, wie schon bemerkt wurde, erst spät und nur unvollkommen. Erst 1809 erhielt die ostpreufsische Landschaft für die Verwüstungen von 1806/7 einen Vorschufs von 300000 Thlr. Domänenpfandbriefe, welche in diesem Jahre nur den Wert von 164294 Thlrn. hatten; 1811 erfolgte ein weiterer Vorschufs von 300000 Thlrn.;

---

[1] Nach v. Haxthausen, Seite 185 ff. kamen noch vom 1. Januar 1829 bis 1. Januar 1832 im Oberlandesgericht Königsberg 111 Rittergüter zur Subhastation.

[2] Von den v. F. gehörigeu Gütern befinden sich 1901 noch im Besitz der Familie die Herrschaften Beynuhnen und Angerapp, die zum gröfseren Teil Majorat geworden sind, uud die Dombrowker Güter.

[3] Zum Teil bemühten sich die Bauern, Losleute bei sich aufzunehmen, um durch die Miete einem Teil der Zahlungsverbindlichkeiten nachzukommen. Dies erleichterte die Vermehrung der Arbeiterklassen und führte auch durch das enge Zusammenwohnen zu manchen socialen Übelständen.

zu gleicher Zeit hatten andere Provinzen weit gröfsere Summen erhalten. Am 13. Juni 1816 wurden diese Vorschüsse durch Kabinettsordre der Landschaft geschenkt, jedoch mufste diese ihren vollkommen gesetz- und reglementsmäfsigen Anspruch von 119 000 Thlr. an Quittungsgroschen für die Domänenpfandbriefe schwinden lassen, so dafs der Erlafs jener Vorschüsse eigentlich nur 481 000 Thlr. betrug. Die für die Schäden von 1806/7 von Rufsland geschuldeten Gelder wurden erst 1811 zu zahlen begonnen, in einem Papier, das bei der Veräufserung allein an 60 % verlor. Die Provinz hatte daher einen Schaden von 3 973 874 Thlr. Die Retablissementsgelder, die 1816 angewiesen wurden, betrugen für Ostpreufsen und Littauen 1 200 000 Thlr., woran 3190 Individuen beteiligt waren. Für die Zerstörung von 1812 wurden der Provinz erst 1817 einige Lieferungsscheine zu teil, 1819 war die Verteilung noch nicht beendigt, während die anderen Provinzen bereits 2—3 Jahre nach 1813 im Besitz der damals ihren höchsten Kurs habenden Scheine waren. Die ostpreufsischen Scheine hatten einen Nominalwert von 2 836 307 Thlrn., einen Realwert von 1 870 000 Thalern. Dagegen kam die Regierung den Gutsbesitzern wenigstens insofern entgegen, als rückständige Kontribution, Festungsbaugelder auf die Lieferungen eingerechnet wurden, und so bezüglich der baren Ausgaben eine Erleichterung geschaffen wurde. Die Landschaft belieh, soweit ihr irgend Mittel zur Verfügung standen, die Güter bis zu zwei Drittel ihrer Taxe. Es bedeutete eine aufserordentliche Erleichterung, als die Generalkommission 1824 die Güter bis zu drei Viertel ihres Wertes, namentlich als Unterstützung für die Regulierung, belieh. Dadurch wurde es möglich, die leicht kündbaren Privatkapilalien zum Teil abzulösen. Die v. Farenheidschen Güter erhielten von ihr 22 000 Thlr. Aufserdem wurde ein gewisses Kulturkapital diesen Gütern in der Höhe von 8000 Thlrn. zugewiesen, das in den ersten drei Jahren zinsfrei sein sollte, im dritten mit 2 %, im vierten mit 3 %, im sechsten und in den folgenden mit 4 % verzinst werden sollte.

Die Amortisation des Kapitals selbst sollte nach 6 Jahren mit 5 % beginnen. Es war zum Ankauf edler Schafe bestimmt. Wir sind damit zu den eigentlichen Wirtschaftsmafsnahmen gelangt, die zum Teil auf Anregung des Staats ins Werk gesetzt wurden, und namentlich dazu beitrugen, die der Landwirtschaft geschlagenen Wunden wieder zu heilen, es sind dies die Bemühungen um die Schaf- und Pferdezucht. Beide sind in dem Kapitel über den Grofsbetrieb nur kurz berührt worden. Es wird daher an dieser Stelle notwendig, in die frühere Zeit zurückzugreifen.

Mit Hülfe einer Tabelle über die Angerapper Schäferei, die von dem Jahre 1777 bis 1802 reicht, ist es möglich, einen Einblick in die Schafzucht des 18. Jahrhunderts zu gewinnen.

In den Jahren 1777—1781 wurden im Durchschnitt 420 Schafe gehalten, von denen 20 Stein 5 Pfund Wolle jährlich gewonnen wurden. Der Preis schwankte pro Stein zwischen $3^{1}/_{3}$—$4^{1}/_{9}$ Thaler, der Durchschnitt war $3^{2}/_{8}$ Thaler.

Die nächsten 5 Jahre von 1782—1786 brachten einen Fortschritt in der Zahl der Schafe, ihrer Ergiebigkeit an Wolle und in der Höhe der Preise. Von 1017 Schafen wurden durchschnittlich 71 Stein Wolle geliefert, die à Stein mit 4 Thaler 4 Groschen bezahlt wurde.

Die Jahre von 1787—1791 bringen wieder einen Rückschritt bezüglich der Anzahl und der Ergiebigkeit der Schafe, von 630 Schafen werden 30 Stein gewonnen, der Preis steigt weiter auf 5 Thaler 50 Groschen.

Die letzten 11 Jahre von 1792—1802 steigerte sich die Anzahl, namentlich aber die Ergiebigkeit der Schafe beträchtlich, es wurden von 883 Schafen 83 Stein Wolle gewonnen, der Preis sank auf 5 Thaler 6 Groschen im Durchschnitt. Im ganzen zeigt diese Periode eine Steigerung der Wollmenge vom einzelnen Schaf um etwa das Doppelte, es wird dies in erster Linie auf die eingeführte zweimalige Schur im Jahre zurückzuführen sein, die Preise der Wolle sind etwa um 38 % gestiegen. Das Schafmaterial setzte sich durchweg aus den gewöhnlichen Landschafen zusammen. Während der Kriegsjahre und der unmittelbar darauf folgenden Zeit sind die Aufzeichnungen über die Schafzucht völlig ungenügend, es ist auch nicht anzunehmen, dafs irgend welche wesentlichen Fortschritte erzielt wurden, zumal auch der Bestand infolge der Lieferungen und des gewaltsamen Fouragierens häufig gänzlich vernichtet wurde. Erst in den zwanziger Jahren begann, durch die Regierung angeregt und von den hohen Wollpreisen begünstigt, ein glänzender Aufschwung der Schafzucht. Von den v. Farenheid 1824 als Kulturkapital bewilligten 8000 Thalern wurden 2448 Thaler 19 Silbergroschen 3 Pfennig zum Ankauf von 300 Merinoschafen und 9 Böcken von der königlichen Domäne Ostrowitt bei Marienwerder verwendet. Erstere wurden das Stück für 7 Thaler 14 Groschen abgegeben, letztere für 22 Thaler 28 Silbergroschen 3 Pfennig. In Ramberg und Rossossen wurden für je 1290 Thaler 2 Schäfereien angelegt. In den folgenden Jahren wurden noch weitere 100 Mutterschafe und 6 Störe aus Ostrowitt bezogen. Bereits 1831 zählte die Schäferei zu Ramberg 523 Mutterschafe, 421 Hammel und 71 Böcke, die zu Rossossen 305 Mutterschafe und 276 Hammel. Bereits in diesem Jahre konnte man an eine Rückzahlung des Kulturkapitals gehen, die dadurch besonders erleichtert wurde, dafs die Regierung die Rückerstattung in Schafen zugestand und den Betrag pro Bock auf 30 Thaler, pro Mutterschaf auf 7 Thaler festsetzte. So wurde es möglich, bereits 1831 2172 Thaler, 1832 3400 Thaler abzutragen, sodafs nur ein Rest von 2428 Thaler übrig blieb. Aufser den echten Merinos wurden zu derselben Zeit veredelte Schafe angeschafft, die mit 3 Thaler das Mutterschaf, mit 10 Thaler der Bock bezahlt wurden. Auf sämtlichen, v. Farenheid gehörigen, gröfseren Gütern wurden um die Mitte der zwanziger Jahre Schäfereien eingerichtet. Dasselbe war, wie die Lieferungstabellen aus Ostrowitt zeigen, wohl bei sämtlichen gröfseren Gütern der Umgegend der Fall. Wie sich Anzahl und Material des Schafbestandes veränderten, zeigen die Tabellen der Angerapper Güter, 1818 befanden sich dort 246 edle, 155 halbedle, 244 Landschafe; 1825 690 edle, 180 halbedle, 182 Landschafe; 1832 1030 edle, 60 halbedle und 205 Landschafe. In der ganzen Provinz vermehrten sich die edlen Schafe von 27 272 um 1816, auf 435 061 1831 und 1 026 659 1840, während die übrigen Vieharten ziemlich stationär blieben[1].

1825 wurde infolge der gesteigerten Bedürfnisse und da das Verständnis für eine richtige Behandlung der Schafe noch vielfach fehlte, auf Anregung des auch in dieser Beziehung sehr verdienstvollen Oberpräsidenten v. Schön von den Schafzüchtern der Sortierer Wagner angestellt, der von Januar bis März die Güter bereiste und die tauglichen Zuchtschafe, je 100 für 1 Thaler, aussuchte und auch die Wolle sortierte.

In den ersten Jahren traten noch heftige Preisschwankungen ein; 1826 wurde wegen gesunkener Wollpreise ein Staatsdepot verlangt, in dem die Gutsbesitzer die Wolle niederlegen und darauf geliehen bekommen sollten. 1831 forderte man einen Wollmarkt in Königsberg, da die einzelnen unterdrückenden Verkaufsbedingungen oft 20 % Rabatt zugestehen mufsten. Auch von Unglücksfällen scheint in den ersten Jahren die junge Gründung nicht verschont geblieben zu sein; so war 1825 aus Sachsen, aus dem Schafe bezogen wurden, die Pockenkrankheit eingeschleppt, die namentlich in Klein-Beynuhnen starke Verheerungen anrichtete, auf der Steinorter Begüterung war das 1827 der Fall. Trotzdem war der Aufschwung und der Gewinn, der aus der Schafzucht gezogen wurde, namentlich in den dreifsiger Jahren, ein aufserordentlicher. Während der Gewinn aus der Wolle pro Schaf in der Periode von 1771—1802 kaum jemals 1/4 Thaler überschritten hatte, schwankten während der dreifsiger Jahre die Einnahmen aus der Wolle von 6000 Schafen, die auf den Angerapper, Beynuhner, Dombrowker Gütern und dem Vorwerk Popiollen gehalten wurden, zwischen 6000 und 8000 Thalern, pro Schaf zwischen 1 und 1 1/8 Thaler. Der Centner Wolle wurde

---

[1] Vergl. „Die Provinz Preufsen. Festgabe für die Versammlung deutscher Land- und Forstwirte zu Königsberg." Königsberg 1863. Seite 295.

Ende der zwanziger Jahre mit 70 Thaler, zu Anfang der dreifsiger Jahre mit 75—85 Thaler, Ende der dreifsiger Jahre mit 60—70 Thaler, Sterbewolle in der ersten Periode mit 35—40 Thaler, in der letzten mit 30—35 Thaler bezahlt. Sterblingsfelle wurden zu 20 Silbergroschen, Jährlingsfelle zu 10 Silbergroschen verkauft. Aus diesen Ziffern geht deutlich hervor, welche Bedeutung dieser Zweig der Landwirtschaft für ihre Wiedergesundung überhaupt haben mufste.

Die Pferdezucht war bereits gegen Ausgang des 18. Jahrhunderts von der gröfsten Bedeutung für die Landwirtschaft gewesen, von den v. Farenheidschen Gütern stand namentlich Gnie mit seinem Gestüt im Vordergrund[1]. Der Bestand des Gestüts während der letzten Jahre des 18. Jahrhunderts und im 19. Jahrhundert bis zu den Kriegsjahren war durchschnittlich 136 Pferde und umfafste 8 Beschäler, 30 jüngere Hengste, 36 Mutterstuten, 32 jüngere Stuten, 20 Absatzfohlen und 10 Wallache. Die Hengste wurden vom 5., die Stuten vom 6. Jahre ab zur Zucht verwendet. Trotzdem ein besonderer Gestütsarzt für Gnie angestellt war, scheint die Zucht in dieser Zeit noch mit wenig Geschick und viel Unfällen betrieben worden zu sein. Jedenfalls verlor das Gestüt, ganz abgesehen von den wegen Alters erschossenen, jährlich durch Unglücksfälle 3—7 Pferde. Hieraus scheint sich zum Teil auch der geringe Gewinn zu erklären, der aus dem Gestüt gezogen wurde; einer Einnahme von 6000—6200 Thaler stand in der Regel eine Ausgabe von 5800 Thaler gegenüber, sodafs nur ein Plus von 200—400 Thaler vorhanden war. Die Preise für 5—6jährige Arbeitspferde schwankten in dieser Periode zwischen 36 und 45 Thaler, Beschäler und 4—5jährige Hengste wurden mit 120—150 Thaler bezahlt, 2 und 3jährige Hengste mit 100 Thaler, 1jährige Hengste mit 25—30 Thaler, Absatzfohlen mit 15—20 Thaler, Zuchtstuten und 5—6jährige Stuten mit 60 Thlr., 2—4jährige Stuten mit 40—50 Thlr., 1jährige Stuten mit 25 Thlr., für 5—6jährige Wallache wurden bis 120 Thlr. bezahlt; 200 Thlr. an Kaufgeld für ein Pferd wurden niemals überschritten. 1804 bezog H. v. Farenheid zur Verbesserung der Zucht 2 Hengste und mehrere Vollblutstuten, sowie einige Yorkshirestuten und einen gleichen Hengst aus England. Während der Kriegsjahre ging das Gestüt völlig zu Grunde, zum Teil wurden die Pferde weggenommen, zum Teil die jüngeren durch Überanstrengung unbrauchbar gemacht. Man mufste nach den Kriegsjahren von neuem mit den Bemühungen um die Hebung der Pferdezucht beginnen; die Preise waren andauernd, auch in den

[1] Gestüte am Ende des 18. und Antang des 19. Jahrhunderts in Ostpreufsen: Althofe-Insterburg, Georgenburg, Steinort, Wedern mit Szirgupönen, Nordenthal. Dazu kamen in den zwanziger Jahren des 19. Jahrhunderts Puspern, Julienfelde, Doristhal. Vergl. dazu „Deutsches Gestütsbuch“ von Schwartz und Krocker. Berlin 1872.

schlimmsten Zeiten, hohe geblieben. Es gelang bald, namentlich durch die Verdienste des Landstallmeisters von Burgsdorf, eine neue Blüteperiode heraufzuführen. Um auch den von den königlichen Gestüten weiter entfernt wohnenden Besitzern die Möglichkeit einer Verbesserung ihres Pferdematerials zu gewähren, wurden auf geeigneten Gütern mit Genehmigung ihrer Besitzer staatliche Beschäler von März bis Juli eingestellt, die gegen ein Sprunggeld von 20 Silbergroschen deckten. Die Erfolge zeigten sich bald; 1821 gehörten von den durch die drei staatlichen Beschäler zu Angerapp gedeckten 181 Stuten die meisten kleinen Bauern. Nach Tribukeit halfen zur Verbesserung der Pferdezucht bei den kleinen Besitzern sehr die seit 1833 eingerichteten Fohlenmärkte mit, ebenso die Befreiung von den Scharwerksdiensten und die Separation [1]. Andererseits wurden auch die gröfseren Gutsbesitzer veranlafst, ihrerseits Beschäler zu halten. Vor allem wurde es von der gröfsten Wichtigkeit für die Pferdezucht, dafs die Militärverwaltung, die bis dahin den gröfsten Teil ihres Bedarfes an leichtem Pferdematerial in Rufsland und an schwerem in Hannover und Holstein gedeckt hatte, jetzt den Ankauf möglichst auf das Inland beschränkte. Seit 1817 wurde der Remonteankauf von einem staatlichen Kommissar besorgt, 1821 wurden Remontedepots eingerichtet [2]. Es wurden jetzt bereits für Remonten durchschnittlich 78 Thaler pro Stück gezahlt [3].

Nicht so schnell gelang es den Bemühungen einzelner privaten Züchter, das englische Vollblut einzubürgern. Bereits 1836 trat v. Farenheid mit dem Herzog von Augustenburg in Verbindung, dessen prachtvolles Vollblutgestüt sozusagen die Verbindung zwischen England und dem Kontinent herstellte, der seine Pferdeankäufe durch Richard Tattersall besorgen liefs; v. Farenheid kaufte von ihm einen Hengst und 4 Stuten. Namentlich war es das Institut der Landbeschäler, die zwar nur eine mäfsige Zucht lieferten, aber von den Leuten wegen ihrer Billigkeit aufgesucht wurden, das dem Eindringen des neu erworbenen englischen Vollblutmaterials den gröfsten Widerstand entgegensetzte. Erst Anfang der vierziger Jahre gelang es, festen Fufs zu fassen. 1843 wurden zu Angerapp 39 Vollblutstuten und 148 Halbblutstuten gedeckt, allerdings gehörten erstere lediglich, letztere fast alle gröfseren Gutsbesitzern, 1846 rührte bereits die grofse Mehrzahl des Halb-

---

[1] Tribukeit, Seite 21.

[2] „Die Provinz Preufsen". Seite 327 ff.

[3] Nach v. Haxthausen wurden 1826 in Littauen

	1663	Pferde	für	128704	Thlr.,
1827	1841	„	„	142672	„
1828	1856	„	„	143929	„

als Remonten angekauft; beteiligt waren daran 76—80 gröfsere und 450 bis 546 kleinere Pferdezüchter.

bluts von kleinen Bauern her. Das Deckgeld bei Hauptbeschälern betrug 34 Thaler, bei anderen 17 Thaler; in Privatgestüten waren die Sätze vielfach noch höher, bei einem Vollbluthengst in Angerapp 56²/₃ Thaler. Bezahlt waren für diesen Hengst 1465 Thaler, die Einnahmen aus den Deckgeldern zweier Jahre betrugen 2833 Thaler; Halbblutstuten wurden mit 95—120 Thaler pro Stück bezahlt. Bereits 1834 war in Königsberg, um allgemeineres Interesse für das Vollblut zu erregen, der Verein für Pferderennen gegründet worden. 1839 wurde daselbst eine Trainieranstalt angelegt. — So stellt sich in kurzen Zügen der Aufschwung dieses Faktors der Landwirtschaft dar, der nicht nur vorübergehend wie die Schafzucht, sondern stets von aufserordentlicher Bedeutung für die Provinz bis zur Gegenwart geblieben ist. Von geringerer Bedeutung waren die Veränderungen in den übrigen landwirtschaftlichen Zweigen. Beim Getreidebau lassen sich irgend welche Fortschritte bezüglich seiner Ergiebigkeit an Körnerzahl nicht feststellen, zum Teil wich er, namentlich auf leichterem Boden, dem immer stärker zunehmenden Kartoffelbau. Auch als Objekt für die Brennerei setzte sich die Kartoffel immer mehr durch. Auf einigen Gütern begann v. Farenheid bereits in den dreifsiger Jahren mit der Benutzung künstlichen Düngers; es war Gips, der zunächst bezogen wurde, der Centner à 20 Silbergroschen. Die Rindviehzucht machte gleichfalls keine Fortschritte, namentlich war während des ersten Jahrzehnts nach den Kriegsjahren die Nachfrage äufserst gering, auch später trat nur eine kleine Besserung und dementsprechend auch kaum eine Erhöhung in den Preisen ein. Die Versuche, die einheimischen Viehrassen zu veredeln, schlugen fehl, das eingeführte Vieh wollte nicht gedeihen [1].

Dagegen hatte sich der Blick der Gutsbesitzer für den Nutzen eines Zusammenschlusses wirtschaftlich gleich interessierter Kreise unter dem Drucke der Not sehr geschärft. Dieser Erkenntnis entsprang die Bildung der landwirtschaftlichen Gesellschaft für Littauen im Jahre 1821, deren Hauptvorsteher v. Farenheid wurde. Die treibende Kraft bei der Gründung war der 1811 auf Veranlassung der Regierung von Sachsen nach Littauen übergesiedelte, bekannte Landwirt Friedrich Schmalz in Kussen [2]. Als ihre Ziele bezeichnete sie die Kenntnis vom Zustande der landwirtschaftlichen Verhältnisse der Provinz, Mittel zur Beförderung der Landwirtschaft aufzufinden, wohlthätigen Einflufs auf kleine Landwirte zu erlangen, und tüchtige landwirtschaftliche Beamte der niederen Klasse auszubilden. Sie war auch nicht abgeneigt, den Verwaltungsbehörden und Gerichten Gutachten zu er-

---

[1] Tribukeit, Seite 20.
[2] Altpreufsische Monatsschrift, Band II, Seite 160.

statten. Wo 6 Mitglieder in einem Kreise ansässig waren, sollte sich ein Kreisverein bilden, der alle drei Monate zusammentreten sollte; noch im Jahre 1821 entstanden 10 derselben. Gleichzeitig gründeten die anwesenden Schafzüchter einen Schafzüchterverein. Die Gesellschaft selbst begann mit 136 Mitgliedern. Es waren dies lediglich Grofsgrundbesitzer, die Bauern hielten sich bis etwa 1840 fern. Erst als es möglich wurde, gute Leistungen auf landwirtschaftlichem Gebiet mit Geldpreisen zu belohnen, traten sie in gröfserer Zahl ein[1]. Für die einzelnen Zweige, Botanik, Agrikultur, Chemie, Tierarzneikunde, Forstwissenschaft, Geschichte der Landwirtschaft und Pferdezucht wurden technische Mitglieder gewählt. Bei den ersten Verhandlungen wurde über den Anbau von Spargeln, sibirischen Buchweizens, Luzerne und Esparsette berichtet; weit mehr Interesse nahmen aber die Berichte über die in diesen Gegenden von einem Kanonikus Gramatzky 1822 für 200 Thaler angeschaffte erste Dreschmaschine in Anspruch. Man empfahl für den Erdrusch des Sommergetreides leicht tranportable Dreschmaschinen, jedoch sollten die Gärtner, um beschäftigt zu werden, das meiste Getreide ausdreschen. Sehr beachtenswert und bezeichnend für die durchgedrungene Erkenntnis vom Werte naher Absatzgelegenheiten war die beschlossene Unterstützung einer kleinen Tuchfabrik in Gumbinnen. In ähnlicher Weise bemühte sich v. Farenheid im Jahre 1838, der in Insterburg neu entstandenen Zuckerrübenfabrik die Wege zu ebnen, die denn auch einen guten Fortschritt nahm.

Die verheifsungsvollen Anfänge genossenschaftlichen Geistes vermochten den trüben Zeitverhältnissen nicht stand zu halten, bereits 1823 schliefen die Kreisvereine infolge mangelnder Teilnahme ein, um erst 1829 zu neuem Leben zu erwachen; man hielt jedoch jetzt die Sitzungen nicht mehr in der Stadt, sondern, was sich als äufserst vorteilhaft erwies, abwechselnd auf geeigneten Gütern ab.

---

[1] Altpr. Monatsschrift Bd. II Seite 163.

Sechstes Kapitel.

Kurze zusammenfassende Darstellung der weiteren Geschicke der ländlichen Bevölkerung Ostpreufsens bis zum Ausgang des 19. Jahrhunderts.

War in den vorangegangenen fünf Kapiteln der Verfasser stets von der Detailforschung ausgegangen, und waren die allgemeinen Verhältnisse nur von dieser Grundlage aus berührt worden, so machte der beklagenswerte Mangel an speciellem Material dieses Vorgehen weiterhin unmöglich. Erschien es trotzdem als wünschenswert, der Arbeit auch in der Beziehung einen gewissen Abschlufs zu geben, dafs die Geschicke der Landbevölkerung bis zur Gegenwart hin verfolgt wurden, so waren es lediglich allgemeine Darstellungen, die als Material in Frage kamen. Es sind daher im folgenden nur die wichtigsten Momente der Entwicklung hervorgehoben worden, und alles bei Seite gelassen worden, über das ein genügend klares Urteil zur Zeit noch nicht gefällt werden kann. So ist namentlich die technische Seite der Landwirtschaft, die, je näher wir der Gegenwart kommen, um so komplizierter und für den Nichtfachmann schwerer verständlich erscheint, nur soweit berührt worden, als es bei der Betrachtung der Verhältnisse der einzelnen Bevölkerungsklassen notwendig wird.

Wir verfolgen zunächst die Entwicklung der ländlichen Verhältnisse bis zur Mitte der vierziger Jahre. Die Mittel, mit denen Staat und Interessenten an der Wiedergesundung der Landwirtschaft gearbeitet hatten, waren, wie wir im vorangegangenen Kapitel sahen, den intelligenteren Grofsgrundbesitzern am frühesten zu gute gekommen, während der zähere, aber auch schwerfälligere Bauer sich erst allmählich die neuen Errungenschaften aneignete. Durch die zahlreichen Subhastationen grofser Güter waren diese vielfach in kapitalkräftige Hände gelangt und waren daher um so eher im stande, sich der neuen Fortschritte zu bedienen und manche

Schäden fern zu halten. Da aufserdem, abgesehen von den Notstandsjahren 1835 und 38, reichliche Ernten und günstige Verkäufe bis 1844 zu verzeichnen waren, so machte die Wiedererholung des Grofsgrundbesitzes die erfreulichsten Fortschritte[1]. Dagegen verblieb der Bauernstand in den traurigen Verhältnissen, in die ihn Kriegsjahre und Regulierung hineingeführt hatten. Er litt namentlich unter dem Mangel an Kredit und barem Geld, so dafs besonders in den unfruchtbaren Gegenden ein Übergang zur Koppelwirtschaft unmöglich war, da die kleinen Besitzer die Übergangsperiode nicht überstanden hätten[2]. Vielfach behielten auch die Bauern, die die Hälfte oder ein Drittel ihres Grundstücks dem Gutsherrn hatten abtreten müssen, denselben Besatz und die gleiche Anzahl des Gesindes bei. Dazu kam die durch die Vermehrung der Arbeiterbevölkerung so aufserordentlich gesteigerte Armenlast, die in erster Linie auf ihren Schultern ruhte. Wir sahen, bereits, wie die Bauern dadurch, dafs sie sich bemühten, Losleute als Mieter zu erhalten, die Vermehrung dieser Proletarierklasse begünstigten. Als sie nun im Anschlufs an die Separation darangingen, sich auszubauen, wurden ihre alten Häuser im Dorfe mit einigen Morgen Land vielfach zu Eigenkätnergrundstücken, so dafs auch eine Vermehrung dieser Bevölkerungsschicht eintrat[3]. Hatte nun aber bis zur Separation der kleine Mann mit Hülfe der Gemeindeweide die Möglichkeit gehabt, sich durch Haltung einer Kuh und einigen Kleinviehs, einen gewissen Wohlstand zu wahren, so wurde er jetzt mit einigen Fetzen Landes abgefunden, die er in den meisten Fällen zu Schleuderpreisen veräufserte[4], wodurch ihm jeder wirtschaftliche Rückhalt in Zeiten der Not fehlte, so dafs, namentlich im Winter, die Lage der Losleute eine oft recht traurige war.

Die Verhältnisse der Instleute, deren Zahl als Folge der Regulierung ebenfalls stark gestiegen war, hatten keine durchgehende Veränderung erfahren. Zwar machte das Vordringen der Geldlöhnung, wie die v. Farenheidschen Güter zeigen, langsame Fortschritte, aber der Mangel an barem Geld hinderte einen plötzlichen Übergang.

Im ganzen zeigt während der Jahre 1819—43 die ländliche Bevölkerung eine Zunahme um 53 %, die städtische nur

---

[1] Vergl. Landwirtschaftliche Jahrbücher aus der Provinz Preufsen, 1849, „Denkschrift über die Ursachen des in der Provinz Preufsen öfters wiederkehrenden Notstandes.“

Vergl. Preufsische Provinzialblätter Band IV. v. Farenheid: „Wohlstand eines masurischen Kalkbauern.“

[3] Vergl. G. Kreifs: „Die gegenwärtigen bäuerlichen Verhältnisse im Bezirk des Ostpr. landwirtschaftlichen Centralvereins“ in den Berichten veröffentlicht vom Verein für Socialpolitik, Band II.

[4] Vergl. C. M Stöckel: „Über die bäuerlichen Verhältnisse im Regierungsbezirk Gumbinnen“, in den Berichten veröffentlicht vom Verein für Socialpolitik, Band II.

um 23 %. Es sind lediglich die Klassen der Eigenkätner und vor allem der Losleute, auf die die Vermehrung entfällt, der Bauernstand ist um 20 % zurückgegangen und mit ihm auch das Gesinde, wenigstens läfst sich dies für die Periode von 1802—1831 feststellen. Während wir 1802 110000 männliche und 96300 weibliche Dienstboten zählen, waren es 1831 nur noch 67300 und 70100. Der Wohlstand der Bevölkerung litt erheblich unter diesen Verschiebungen, während 1802 auf 100 Kühe 379 Menschen entfielen, wuchs deren Zahl 1825 auf 548, 1843 auf 565 [1]. Dagegen stieg der Branntweinkonsum, und den anhaltenden Klagen der Zeitgenossen über die zunehmende Entsittlichung des Landvolks wird eine gewisse Berechtigung nicht abzustreiten sein.

Hat somit die Periode bis zur Mitte der vierziger Jahre nur beim Grofsgrundbesitz Fortschritte hervorgebracht, so beginnen von nun an alle Klassen der ländlichen Bevölkerung an diesem Aufwärtssteigen teilzunehmen. Es vollzog sich dieser Umschwung, obwohl zunächst unter den Mifsernten der Jahre 1844 und 1845 auch der Grofsgrundbesitz erheblich litt, zumal hohe, durch Spekulation veranlafste Verkäufe, einen Teil der Güter wieder mit erheblichen Kaufgelderresten belastet hatten. Durch die Kabinettsordre vom 4. Mai 1849 wurde der Landschaft gestattet, auch bäuerliche Besitzungen bis zum Werte von 1500 Mk. abwärts zu beleihen. Domänen, Forsten, köllmische und andere nichtadlige Güter waren bereits 1808 zugelassen worden [2]. Dem Bedürfnis aber nach Personalkredit, der für den kleinen Besitzer bisher nur gegen hohe Wucherzinsen zu haben war, begannen jetzt Vorschufs- und Kreditvereine abzuhelfen [3].

Unter solchen Verhältnissen wurde es auch dem Grofsgrundbesitz leichter, seinen auf Hebung der Kultur der bäuerlichen Wirtschaften gerichteten Bestrebungen Eingang zu schaffen. Bereits in den zwanziger und dreifsiger Jahren hatte der landwirtschaftliche Centralverein für Littauen und Masuren einige bäuerliche Musterwirtschaften eingerichtet. In umfassender Weise setzte er sein Unternehmen seit den vierziger Jahren bis 1853 fort. In dieser Zeit begann ein rationell betriebener künstlicher Futterbau allgemein zu werden. Zur Verbesserung der Viehzucht hatte 1830 der Land-

---

[1] Vergl. Schubert: „Statistische Beurteilung und Vergleichung einiger früherer Zustände mit der Gegenwart für die Provinz Preufsen, mit besonderer Berücksichtigung des jetzigen Zustandes dieser Provinz“ in von Reden „Zeitschrift des Vereins für deutsche Statistik“. Erster Jahrgang 1847.

[2] Vergl. „Denkschrift zur Feier des einhundertjährigen Bestehens der ostpreufsischen Landschaft. Königsberg, den 16. Februar 1888“.

[3] Vergl. „Die Entstehung der Vorschufsvereine und ihre Verbreitung in der Provinz Preufsen“ in der Altpreufsischen Monatsschrift. Neue Folge, Band 17.

stallmeister von Burgsdorf eine Anregung gegeben. 1844 wurde durch eine Aktiengesellschaft ein Stamm Yorkshirevieh eingeführt, 1843—1854 auf Kosten des landwirtschaftlichen Centralvereins für Littauen und Masuren Zuchtstiere angeschafft und den kleinen Besitzern gegen niedriges Sprunggeld zur Benutzung überlassen[1]. Als dann 1860 nach Eröffnung der Ostbahn eine stärkere Nachfrage nach Rindvieh, namentlich nach schweren Zugochsen eintrat, wurden diese bereits in der Hauptsache von kleinen Besitzern geliefert. Dagegen hatte die Schafzucht Anfang der fünfziger Jahre bereits ihren Höhepunkt überschritten, man begann jetzt mehr auf Fleischschafe Gewicht zu legen. Die eigentliche Domäne der Bauern wurde die Pferdezucht. Indem es nur ihnen möglich war, die Zuchtstuten zugleich dauernd in Arbeit zu halten, wovon wesentlich ihre Leistungsfähigkeit abhängt, als auch denselben stets eine schonende Behandlung zu Teil werden zu lassen, hatten sie vor den gröfseren Besitzern aufserordentliche Vorteile voraus[2]. So waren denn bereits 1853 von den auf den zwölf berühmtesten Stationen gedeckten 2516 Stuten 2272 Bauernstuten[3]. Zugleich trat mit der Erhöhung der Getreidepreise eine Verdoppelung der Bodenpreise ein. — Es ist nur natürlich, dafs unter dieser günstigen Gestaltung der wirtschaftlichen Verhältnisse auch der Bauer den Wert seines Eigentums besser würdigen lernte und sich gegen verlockende Anerbietungen zum Verkauf mehr abwehrend verhielt[4]. Eine weitere ungesunde starke Vermehrung der ländlichen Bevölkerung war gleichfalls in dieser Periode nicht mehr zu verzeichnen, die specifisch proletarischen Klassen hatten die geringste Zunahme erfahren, das Wachstum der gesamten Landbevölkerung war hinter dem der Städtebewohner zurückgeblieben. Der Wohlstand der Bevölkerung hatte mit ihrer Zunahme im allgemeinen Schritt gehalten, wie die Vermehrung der Anzahl der Kühe zeigt. Die in Anbau begriffene Kulturfläche nahm allein während der Jahre 1852—1864 um mindestens ein Zehntel ihres alten Bestandes zu[5]. Gleichzeitig diente die seit 1840 erfolgende starke Einwanderung vermögender Landwirte dazu,

[1] Vergl. „Festschrift zum 50jährigen Bestehen des littauischen Centralvereins“.

[2] Vergl. Schnaubert, „Statistische Beschreibung des Kreises Pillkallen.“ Pillkallen 1894.

[3] Vergl. Archiv für Landeskunde der Preufsischen Monarchie, Band I, 1855, Seite 390.

[4] Vergl. Schubert. „Statistische Darstellung der fortschreitenden Entwicklung der Landwirtschaft und des auswärtigen Handelsverkehrs in der Provinz Preufsen in den letzten zehn Jahren“. Archiv für Landeskunde, Band IV, 1856.

[5] Vergl. Schubert, „Die Zahlenverhältnisse der ländlichen zur städtischen Bevölkerung nach den letzten Volkszählungen des preufsischen Staats“, in der Altpr. Monatsschrift, Band III.

den Übergang von der Natural- zur Geldwirtschaft erheblich zu beschleunigen. Zur besseren Vorbildung der Landwirte wurde 1858 die landwirtschaftliche Lehranstalt zu Waldau bei Königsberg gegründet. Noch können aber die allgemeinen socialen Verhältnisse keine befriedigenden genannt werden. Während in der Gesamtmonarchie der Prozentsatz der unter 14 Jahren gestorbenen Kinder von der Anzahl der Geburten in den Jahren 1856, 1857 und 1858, 33,9 %, 36,7 % und 34,8 % betrug, waren die Zahlen für den Regierungsbezirk Königsberg 34,9, 45,3 und 38,1 %, für Gumbinnen 36,9, 40,2 und 42 %[1].

Das, was der folgenden Periode, Anfang der sechziger Jahre bis 1880, den Stempel aufdrückt, ist das weitere Erstarken des bäuerlichen Besitzes und der Beginn der Arbeiternot beim Grofsgrundbesitz[2]. In den Kreisen mit gutem Boden hatte sich auch bei den Bauern der Übergang zur Fruchtwechselwirtschaft fast völlig vollzogen, nur in den ärmeren Gegenden blieb die Dreifelderwirtschaft bestehen. Noch fand aber allgemein ein zu ausgedehnter Getreidebau statt, während das Inventar nicht zureichend ernährt wurde. Namentlich litten die Besitzungen vielfach darunter, dafs sie, eine Folge der Separation, in zu vielen Plänen lagen. Trotzdem hatte die Viehzucht, namentlich unter dem Einflufs der Schauen, aufserordentliche Fortschritte gemacht. Fehlte es den Bauern auch vielfach an der unerläfslichen landwirtschaftlich-technischen Vor- und Ausbildung, so folgten sie doch langsam dem Beispiel des Grofsgrundbesitzes, „von dessen vorsichtig und mit voller Sachkenntnis wie ausreichenden Betriebsmitteln bewirtschafteten Gütern alle Fortschritte ausgingen."

Die Verschuldung der Bauerngüter war zwar um 1880 eine relativ höhere als vor 1860, aber Ertrags- und Kaufwert waren in stärkerer Proportion gewachsen als die Hypothekenschulden. Die Bodenbesitzveränderungen waren am stärksten da, wo der beste Boden die höchste Kultur möglich machte, am geringsten auf schlechtem Boden. Im allgemeinen fand auch in dieser Periode eine Verringerung der Zahl der bäuerlichen Nahrungen statt, namentlich der mittleren Bauernhöfe, während der Umfang der Bauerngüter in tüchtiger Hand zunahm. Der Grofsgrundbesitz war nur da Käufer, wo er gut situiert und altbefestigt war, in den meisten Fällen war es der vermögendere bäuerliche Nachbar, der seine Besitzung durch Zukauf vergröfserte. In den Gegenden mit schlechtem Boden, in denen die Lage der Bauern eine traurige war, trat ihr Be-

---

[1] Vergl. „Über Verbesserungen und Reformen in der Lage unserer ländlichen Arbeiter" in den „Landw. Jahrbüchern für Ostpr.". 13. Jahrgang 1861, Seite 549.

[2] Über die Periode von 1863—1880 vergleiche besonders die Aufsätze von Kreifs und Stöckel in Band II der Schriften des Vereins für Socialpolitik.

streben, sich zur Ruhe zu setzen, am frühesten ein. Das oft zu hoch bemessene Altenteil wirkte hier schädlich, namentlich dann, wenn es aufserdem hypothekarisch an erster Stelle eingetragen war und so die Aufnahme billiger Hypothekenschulden hinderte [1]. Dagegen nahmen in den fruchtbareren Gegenden die Eltern das Altenteil meist nicht in Anspruch, afsen mit ihren Kindern an einem Tisch und halfen in der Wirtschaft. „Überhaupt war es der starke Familiensinn, der sich in dem freiwilligen, durch kein Gesetz beeinflufsten Drang, den Grundbesitz der Familie durch ungeteilte Vererbung zu erhalten, äufserte, dem die stete und glückliche Entwicklung des Bauernstandes in erster Linie zu danken war."

Weit stärker als die Besitzveränderungen beim Bauernstand als Ganzem, waren die Besitzwechsel bei den Eigenkätnergrundstücken. Diese waren im Verhältnis meist doppelt so hoch verschuldet wie die Bauerngüter, und zahlreiche Subhastationen traten hier ein, trotzdem hatten sie zahlenmäfsig einen geringen Zuwachs zu verzeichnen. Ebenso wie bei den Eigenkätnern war der Wechsel beim mittleren und grofsen Besitz weit stärker als bei den Bauern. Namentlich während der Jahre 1871—1876 fand ein gewerbsmäfsiges Ausschlachten der Güter von 300—600 Morgen statt. Die wirtschaftlichen Fortschritte waren nach wie vor beim Grofsgrundbesitz am stärksten; aber bereits in den sechziger Jahren begann sich Arbeitermangel bemerkbar zu machen, und in den siebziger Jahren klagte man bereits lebhaft über die Abwanderung ganzer Familien [2]. Im einzelnen die Verhältnisse der Arbeiterklassen während der zweiten Hälfte des 19. Jahrhunderts zu verfolgen, dürfte insofern Schwierigkeiten bieten, als die Nachrichten für die einzelnen Zeiträume bald aus der einen, bald aus der anderen Gegend stammen [3], und so eine Verallgemeinerung schwierig wird. Erst für die neuere Zeit sind Forschungen auf breiterer Grundlage gemacht worden [4]. Trotzdem dürften sowohl für Vergangenheit wie Gegenwart einige Sätze allgemein als richtig anerkannt werden. Die Lage der Instleute, Deputanten und des Gesindes ist trotz des fortschreitenden Rückgangs der Naturallöhnung als eine gesicherte und wirtschaftlich günstige für das ganze 19. Jahrhundert zu bezeichnen, während die Lage der Losleute nur da erfreulich genannt werden kann, wo ihnen entweder günstige Verkehrsverhältnisse zustatten kommen, oder die Nähe der grofsen Forsten auch für den Winter genügenden Arbeitslohn

[1] Vergl. Lackner, „Darstellung der wirtschaftlichen und socialen Verhältnisse einer ostpreufsischen Landgemeinde", Insterburg 1889.

[2] Vergl. Landw. Jahrbücher 1875, Seite 179.

[3] Vergl. H. Schmidt „Der Angerburger Kreis", 1860. Frenzel „Beschreibung des Kreises Oletzko", 1870.

[4] Vergl. Schriften des Vereins für Socialpolitik. Band 55.

verspricht. Das Scharwerkerverhältnis scheint trotz einiger gegenteiligen Behauptungen keine Zukunft mehr zu haben, zu Anfang der neunziger Jahre waren im Kreise Pillkallen bereits die Hälfte der Familien ohne Scharwerker. Das stärkste Kontingent der Abwanderung stellen die, wie wir sahen, wirtschaftlich günstig gestellten gutsherrlichen Instleute, und zwar sind das vielfach, wie auch von seiten der Gutsbesitzer anerkannt wird, gerade die besten Elemente, die bereits etwas vor sich gebracht haben. Wie es also psychologische Momente waren, die einst den unterthänigen Insten, oft zu seinem wirtschaftlichen Nachteil, in die äufserste Peripherie des gutsherrlichen Besitzes trieben, wie nach der Regulierung alles der Klasse der freien Tagelöhner, der Losleute, zuströmte, um im allgemeinen ein Hungerleben zu führen, so geben die modernen Verkehrsverhältnisse dem einigermafsen vermögenden Insten die Möglichkeit, den heimatlichen Kreis ganz zu verlassen, in dem ein Aufwärtssteigen auf der socialen Stufenleiter bei der mangelnden Beweglichkeit des Grundbesitzes häufig unmöglich ist. Dafs daneben auch andere Momente, die hohen Löhne in der Industrie, die Zerstreuungen in den Städten die Abwanderung befördert haben, wird kaum geleugnet werden. In der neuesten Zeit haben manche Gründe dazu beigetragen, die Abwanderung abzuschwächen, vor allem der Rückgang und die Arbeitseinstellungen in der Industrie, sodann aber auch die Erfahrung, dafs viele verhältnismäfsig wohlhabende Familien trotz der hohen Löhne gänzlich verarmt aus dem Westen zurückgekehrt sind. Trotzdem ist die Verwendung russisch-polnischer Saisonarbeiter und damit die Gefahr einer Entnationalisierung Ostpreufsens in bedenklichem Wachsen begriffen.

Weit erfreulicher ist das Bild, welches die Entwicklung der bäuerlichen Verhältnisse während der letzten zwei Jahrzehnte gewährt. Darf auch hier nicht ohne weiteres verallgemeinert werden, zumal namentlich die ärmeren Striche Masurens noch immer einen, dem Trunke ergebenen, rückständigen Bauernstand aufweisen, so darf die Darstellung der bäuerlichen Verhältnisse des Pillkaller Kreises, wie sie Landrat Schnaubert 1894 entworfen hat, doch für den gröfseren Teil Ostpreufsens als zutreffend erachtet werden. Fortschritte in rationeller Felderwirtschaft und Maschinenverwendung lassen sich allgemein beobachten, der Gebrauch künstlicher Düngemittel greift weiter um sich, und auch die Dränierung des Landes beginnt in Angriff genommen zu werden. Ackerbauschulen und Wanderlehrer unterstützen den kulturweckenden Einflufs des Grofsgrundbesitzes. Die Anzahl der bäuerlichen Besitzungen hat namentlich durch die Thätigkeit der Generalkommission eine Erhöhung erfahren. Wenn wir nun mit der allgemeinen Betrachtung bei der Gegenwart angelangt sind und noch einmal zur speciellen Untersuchung zurückkehren und die gegenwärtigen Besitzverhältnisse in den betrachteten Dörfern mit dem bäuerlichen Besitz vergleichen, wie er dort vor der Regulierung vorhanden war, so werden die Ergebnisse der allgemeinen Betrachtung durchaus bestätigt. Wir sahen, wie in der Grafschaft Steinort bereits 1830 der gröfsere Teil der bäuerlichen Besitzer infolge der Regulierung und der Kriegsdevastationen verschwunden war, die Reste wurden im weiteren Verlauf des 19. Jahrhunders durch die Grafen ausgekauft. Von den v. Farenheidschen Dörfern mögen zunächst die im deutsch-littauischen Komplex gelegenen betrachtet werden. Allgemein zeigt sich eine Abnahme des bäuerlichen Besitzes, oft eine recht starke, so z. B. bei den Dörfern Grofs- und Klein-Sobrost. Die Entwicklung ist fast stets in der Richtung erfolgt, dafs ein oder zwei Besitzer den gröfseren Teil des Landes in ihre Hand bekommen und damit den specifisch bäuerlichen Charakter verloren haben. Neben ihnen erhielten sich nur wenige mittlere Bauern, dafür aber eine gröfsere Anzahl Kleinbauern, Eigenkätner und Losleute, so in Gr. Sobrost und Klein-Szabienen. Nur selten ist, wie in Grofs-Szabienen, eine Vergröfserung des bäuerlichen Besitzes eingetreten. Einige Dörfer, wie Rossossen, Kowarren, Grutteln und Medunischken sind durch Auskauf oder durch Translocierung der Bauern ganz verschwunden. Fast jeder dieser Entwicklungstypen findet sich unter den Dörfern des rein deutschen Komplexes, wie Wittenberg, Bockellen, Christoffsdorf und Lönckendorf zeigen, wieder. Aber hier sind auch Beispiele einer durchaus günstigen Bodenverteilung vorhanden. So findet sich in den Dörfern Schneiderin, Schönrade, Starnowen eine social denkbar günstige Stufenleiter. Neben einem nicht allzu grofsen Besitzer finden wir eine beträchtliche Anzahl mittlerer, und eine geringere Anzahl kleiner Bauern, Eigenkätner und Kossäten. Trotzdem mufs für die Gesamtheit der Dörfer in allen Komplexen ein bedenklicher Mangel an mittleren bäuerlichen Besitzungen festgestellt werden, und erscheint eine unausgesetzte Wirksamkeit in der Schaffung derartiger Stellen sowohl aus wirtschaftlichen, socialen wie nationalen Gründen dringend geboten.

Anlage I.

Dörfer des deutsch-littauischen Komplexes.

Gr.-Sobrost, vor der Regulierung 31½ kullmische Hufen = **536** ha grofs, davon hatten 16 Bauern je 1½ Hufen. 1901 sind vorhanden **227,87** ha. Davon hat		**Kl.-Sobrost**, vor der Regulierung 15 kullmische Hufen = **255** ha grofs, davon hatten 9 Bauern je 1½ Hufen. 1901 sind vorhanden **121,92** ha. Davon hat		**Kl.-Szabienen** oder Stibircken, vor der Regulierung 16⅔ kullmische Hufen = **283** ha grofs, davon hatten 6 Bauern je 1½ Hufen. 1901 sind vorhanden **250,94** ha. Davon hat		**Gr.-Szabienen**, vor der Regulierung 6½ kullmische Hufen = **111** ha grofs, davon hatten 12 Kossäten je ½ Hufe. 1901 sind vorhanden **124,64** ha. Davon hat	
	ha		ha		ha		ha
1 Besitzer	55,3	1 Besitzer	37,08	1 Besitzer	91,63	1 Besitzer	25,21
1 -	49,03	1 -	26,48	1 -	60,27	1 -	24,97
1 -	37,31	1 -	15,32	1 -	38,5	1 -	18,14
1 -	14,7	1 -	13,66	1 -	30,75	1 -	11,59
1 -	12,77	1 -	13,31	1 -	18,19	1 -	6,86
1 -	11,17	1 -	13,15	1 -	3,68	1 -	6,41
1 -	7,92	1 -	2,03	1 -	2,56	1 -	6,20
1 -	7,14	1 -	0,89	1 -	2,52	1 -	4,33
1 -	6,15			1 -	1,48	1 -	3,67
1 -	4,36			1 -	1,24	1 -	3,62
1 -	3,61			1 -	0,12	1 -	3,11
1 -	2,15					1 -	2,61
1 -	2,11					1 -	2,33
1 -	1,67					1 -	2,21
1 -	1,52					1 -	1,73
1 -	1,47					1 -	1,65
1 -	1,22						
1 -	1,21						
1 -	1,15						
1 -	0,91						
1 -	0,79						
1 -	0,60						
1 -	0,58						
1 -	0,57						
1 -	0,50						
1 -	0,47						
1 -	0,34						
1 -	0,30						
1 -	0,29						
1 -	0,18						
1 -	0,16						
1 -	0,14						
1 -	0,08						
33 Besitzer	**227,87**	**8 Besitzer**	**121,92**	**11 Besitzer**	**250,94**	**16 Besitzer**	**124,64**

Dörfer des deutsch-littauischen Komplexes.

Esszergallen, vor der Regulierung 25⁵/₆ kullmische Hufen = 439 ha grofs, davon hatten 12 Bauern je 2 Hufen. 1901 sind vorhanden 89,96 ha. Davon hat		**Kermuschienen,** vor der Regulierung 48¹/₂ kullmische Hufen = 825 ha grofs, davon hatten 14 Bauern je 1 Hufe 5 Morgen. 1901 sind vorhanden 273,9 ha. Davon hat		**Sauskojen,** vor der Regulierung 19 Hufen 29 Morgen kullmisch = 339 ha, davon hatten 12 Bauern je 1¹/₂ Hufen. 1901 sind vorhanden in Alt- und Neu-Sauskojen 285,25 ha. Davon hat	
	ha		ha		ha
1 Besitzer	47,68	1 Besitzer . . .	54,06	1 Besitzer . . .	35
1 -	22,75	1 - . . .	45,67	1 - . . .	23
1 -	8,67	1 - . . .	33	1 - . . .	22
1 -	6,28	1 - . . .	24,8	1 - . . .	20
1 -	3,48	1 - . . .	18,01	1 - . . .	13
1 -	0,42	1 - . . .	11,54	1 - . . .	12,5
1 -	0,42	1 - . . .	11,25	1 - . . .	12,5
1 -	0,26	1 - . . .	10,87	1 - . . .	11,5
		1 - . . .	9,95	1 - . . .	11,5
		1 - . . .	9,64	1 - . . .	9
		1 - . . .	9,23	1 - . . .	8,5
		1 - . . .	6,67	1 - . . .	8
		1 - . . .	5,36	1 - . . .	8
		1 - . . .	5,28	1 - . . .	7,5
		1 - . . .	2,58	1 - . . .	7,5
		1 - . . .	2,4	1 - . . .	7,5
		1 - . . .	1,4	1 - . . .	6,5
		1 - . . .	1,2	1 - . . .	6,5
		1 - . . .	1,02	1 - . . .	5,5
		1 - . . .	0,82	1 - . . .	5,5
		1 - . . .	0,72	1 - . . .	5
		1 - . . .	0,58	1 - . . .	4,5
		1 - . . .	0,46	1 - . . .	4,5
		1 - . . .	0,44	1 - . . .	4,5
		1 - . . .	0,41	1 - . . .	4
		1 - . . .	0,33	1 - . . .	3
		1 - . . .	0,30	1 - . . .	2
		1 - . . .	0,24	1 - . . .	2
		1 - . . .	0,21	1 - . . .	2
		1 - . . .	0,16	1 - . . .	2
		1 - . . .	0,06	1 - . . .	1,5
		1 - . . .	0,04	1 - . . .	1
		1 - . . .	0,02	1 - . . .	1
		1 Schule	3,77	1 - . . .	1
		1 Genossenschaft	1,41	1 - . . .	1
				1 - . . .	0,5
				1 - . . .	0,5
				1 - . . .	0,25
				1 Schule	4
8 Besitzer	89,96	33 Besitzer, 1 Schule, 1 Genossenschaft	273,90	38 Besitzer und 1 Schule	285,25

Dörfer des deutsch-littauischen Komplexes.

Skirlacken, vor der Regulierung 29⅓ kullmische Hufen = 499 ha grofs, davon hatten 16 Bauern je 1½ Hufen. 1901 sind vorhanden 386,61 ha. Davon hat		**Jodschin,** umfafste vor der Regulierung 6 bäuerliche Besitzungen von je 1½ kullmischen Hufen = 153 ha. 1901 sind vorhanden 129,32 ha. Davon hat		Die Dörfer **Kowarren, Rossossen, Medunischken, Grutteln,** im ganzen 84½ kullmische Hufen = 1428 ha mit 45 bäuerlichen Besitzungen sind ganz zu Gutsland geworden	Bei den Dörfern **Gr.-Beynuhnen, Thalau Kl. Illmen** ist wegen Verschiebungen mit den umliegenden Ortsbezirken ein Vergleich der Zeit vor der Regulierung mit der Gegenwart sehr schwierig
	ha		ha		
1 Besitzer	65,41	1 Besitzer	52		
1 -	24,9	1 -	48		
1 -	21,65	1 -	15		
1 -	20,37	1 -	6		
1 -	17,87	1 -	6		
1 -	17,74	1 -	2,32		
1 -	16,22				
1 -	15,73				
1 -	14,81				
1 -	14,61				
1 -	13,81				
1 -	12,38				
1 -	9,62				
1 -	8,29				
1 -	8,63				
1 -	8,08				
1 -	7,82				
1 -	7,78				
1 -	7,81				
1 -	6,88				
1 -	6,87				
1 -	6,51				
1 -	5,89				
1 -	5,15				
1 -	4,36				
1 -	4,54				
1 -	4,11				
1 -	3,88				
1 -	3,77				
1 -	3,69				
1 -	3,67				
1 -	3,23				
1 -	2,61				
1 -	2,6				
1 -	1,89				
1 -	0,98				
1 -	0,88				
1 -	0,85				
1 -	0,68				
39 Besitzer	386,61	6 Besitzer	129,32		

Dörfer des rein deutschen Komplexes.

Schönrade, vor der Regulierung $16^3/_{10}$ kullmische Hufen = 277 ha grofs. Die Zahl der Bauern war nicht festzustellen. 1901 sind vorhanden 183,9 ha. Davon hat		**Gr.- u. Kl.-Dwillin,** vor der Regulierung $13^2/_5$ kullmische Hufen = 228 ha grofs, davon hatten 9 Bauern je 1 Hufe. 1901 sind vorhanden 27,44 ha. Davon hat		**Friedrichsfelde,** vor der Regulierung $8^2/_3$ kullmische Hufen = 147 ha grofs, davon hatten 6 Bauern je 1 Hufe. 1901 sind vorhanden 3 ha. Davon hat		**Potawern,** vor der Regulierung $12^1/_5$ kullmische Hufen = 208 ha grofs. Die Zahl der Bauern war 6. 1901 sind vorhanden 83 ha. Davon hat	
	ha		ha		ha		ha
1 Besitzer	32,9	1 Besitzer	26,16	1 Besitzer	2,5	1 Besitzer	83
1 -	19,5	1 -	1,28	1 -	0,5		
1 -	16,69	2 Besitzer	27,44	2 Besitzer	3	Alles übrige ist Gutsland geworden.	
1 -	16,68						
1 -	15,34						
1 -	15,2	Alles übrige ist Gutsland geworden.		Alles übrige ist Gutsland geworden.			
1 -	11						
1 -	10,97						
1 -	10,67					Die Dörfer Bockellen und Wittenberg, im ganzen 38 kullmische Hufen = 646 ha mit 18 Bauern sind zu Gutsland geworden.	
1 -	9,66						
1 -	8,88						
1 -	8,79						
1 -	4,16						
1 -	1						
1 -	0,91						
1 -	0,72						
1 -	0,55						
1 -	0,28						
18 Besitzer	183,9						

Dörfer des rein deutschen Komplexes.

Christoffsdorf, vor der Regulierung $20^{1}/_{5}$ kullmische Hufen = **343** ha grofs, davon hatten 13 Bauern je $1^{1}/_{2}$ Hufen. 1901 sind vorhanden **2,6** ha. Davon hat		**Lönkendorf,** vor der Regulierung 14 kullmische Hufen = **238** ha grofs, davon hatten 7 Bauern je 1 Hufe 8 Morgen. 1901 sind vorhanden **175,3** ha. Davon hat		**Starnowen,** vor der Regulierung $18^{1}/_{5}$ kullmische Hufen = **309** ha grofs, davon hatten 11 Bauern je $1^{1}/_{2}$ Hufen. 1901 sind vorhanden **265,19** ha. Davon hat		**Schneiderin,** vor der Regulierung $21^{1}/_{2}$ kullmische Hufen = **366** ha grofs, davon hatten 10 Bauern je $1^{5}/_{6}$ Hufen, 2 Bauern $1^{1}/_{5}$ Hufen. 1901 sind vorhanden **330,5** ha. Davon hat	
	ha		ha		ha		ha
1 Besitzer	0,58	1 Besitzer	145,43	1 Besitzer	54,98	1 Besitzer	56
1 -	0,58	1 -	15,22	1 -	28,3	1 -	34
1 -	0,51	1 -	8,94	1 -	23,9	1 -	30
1 -	0,51	1 -	2,78	1 -	17,77	1 -	28
1 -	0,32	1 -	0,95	1 -	15,81	1 -	27
1 -	0,10	1 -	0,55	1 -	15,26	1 -	22,5
		1 -	0,52	1 -	14,85	1 -	20
Alles übrige Land ist vom Gute Kl.-Gnie angekauft.		1 -	0,49	1 -	12,95	1 -	17
		1 -	0,42	1 -	11,47	1 -	17
				1 -	11,41	1 -	11
				1 -	11,22	1 -	10
				1 -	9,25	1 -	10
				1 -	9,03	1 -	8
				1 -	8,14	1 -	7,5
				1 -	7,65	1 -	7
				1 -	7,14	1 -	6,5
				1 -	6,06	1 -	4
						1 -	3,75
						1 -	3,5
						1 -	2,25
						1 -	2
						1 -	2
						1 -	0,75
						1 -	0,25
						1 -	0,25
						1 -	0,25
6 Besitzer	2,6	9 Besitzer	175,3	17 Besitzer	265,19	26 Besitzer	330,5

Anlage II.

Ertrag der Launickschen Güter, 1709 gefertigt.

Die Hochgräflich Launickschen Güter bestehen in 145 Huben 21 Morgen

alſs

15 Huben Launickisch Hoffeld. Hieselbst wird in die gröſste Felder ausgesäet:

5 Last	— Scheffel	Korn		
1 -	30 -	Gerst	}	Königsbergsch Maaſs.
4 -	— -	Hafer		
— -	10 -	Erbsen		

15 Huben 15 Morgen Gautecken. Davon auch ein guth Theil Waldt ist; in hiesige ebenfalſs gröſste Felder wird ausgesäet:

— Last	10 Scheffel	Weytzen		
2 -	— -	Korn		
— -	25 -	Gerst	}	auch Königsbergsch Maaſs.
2 -	— -	Haber		
— -	7 -	Erbsen		

41 Huben sind Waldt.

21 Huben 6 Morgen hat Illm und Klein-Launicken, unter den Illmsche Huben ist auch ein guth Theil Waldt. Bey diesen beiden Vorwerge wird auſsgesäet:

— Last	15 Scheffel	Weytzen
2 -	15 -	Korn
3 -	10 -	Haber
— -	30 -	Gerst und
— -	10 -	Erbsen.

28 Huben hat daſs Dorf Eſsergallen; davon jetzo 20 Huben mit 12 Scharwergspaure nach hiesiger Arth besetzet sind. Zinſsen von jeder Hube: 4 Mk. Zinſs, 1 Mk. 30 Schilling Gesindlohn, 3 Schilling Büttelgeld, 1 Scheffel Gerst, 3 Scheffel Haber, 20 Pfund Flax, 20 Pfund Hampf, 2 Hünner und auch einige Eyer.

25 Huben Dorff Grutteln. Davon 16 Huben mit 8 Scharwergspaure besetzt; welche gleich dem Eſsergaller Paure wie obgedacht zinſsen.

An Viehe ist in hiesige Höffen und Vorwergen.

Im Hoffe Launicken:
2 Pferde,
3 Kühe,
18 junge Stärckchen 2- und 3jährig,
1 junger Boll,
12 alte Gänse,
5 alte Enten,
4 Hünner.

Im Vorwerge Gautecken:
12 Arbeitspferde,
8 Zochoxen,
16 Kühe,
1 Boll,
2 junge Oxen,
4 Schweine,
3 Ziegen,
7 Hünner,
1 Hahn.

Im Vorwerge Illm:
10 Arbeitspferde,
6 Zochoxen,
18 St. junge Oxen,
15 St. Ziegen, jung und alt,
14 Schweine,
10 Gänse,
13 Hünner,
1 Hahn.

Im Vorwerg Friedrichfeld, olim Klein-Launicken:
10 Arbeitspferde,
6 Zochochsen,
24 Kühe,
1 Boll,
10 Kälber im 1te Jahr,
10 Schweine,
10 Schaafe,
9 Enten,
10 Hünner,
1 Hahn.

Noch ist bey Launicken eine Schäfferey. Dieselbe bestehet jetzo in:
15 alte } Schöpse,
20 junge }
114 alte } Schaafe
25 junge }
174 Stück Schaafvieh ohne noch
126 - Lämmer vom 1707te Jahr.

Weiter sind bei hiesige Güter auch zwey Krüge, nämblich einer in Launicken und einer in Efsergallen, selbige schenken dafs Jahr hindurch zusammen etwa 70 Tonnen Bier aufs. Die Fischerei auf den beiden Seechen Efsergallen und Grutteln bringt wenig ein, weil selbige, sonderlich der letzte gar klein sind, und haben selbige im vergangenen Winter etwa 15 Gulden gebracht.

Ist also der ungefährliche Ertragh der Hochgräflich Launicksche Güter aufs Höchste dieser:

83 Gulden 10 gr. von 25 Sch. Aufssaath Weytzen, davon 1 Korn zur Saat, und 2 Korn zur Nutzung à 50 gr. der Sch.,

83 Gulden 10 gr. zum Übertrag.

83 Gulden	10 gr.	Übertrag.	
1110 -	— -	von 9 Last 15 Sch. Aussaat Korn, davon 1 Korn zur Saath und 2 Korn zur Nutzung gerechnet, wiewohl hieselbst daſs Korn nicht daſs 3te Korn trägt, à 30 gr. der Scheffel,	
362 -	15 -	von 2 Last 25 Sch. Auſssaath Gerst, davon 1 Korn zur Saath und 3 Korn zur Nutzung à 25 gr. den Scheffel,	
550 -	— -	von 9 Last 10 Sch. Auſssaath Haber, davon 1 Korn zur Saat und 2 Korn zur Nutzung. Wiewohl der Haber ebenfalls nicht alle Zeit auf hiesige Äcker das 3te Korn bringet à 15 gr. den Scheffel,	
81 -	— -	von 27 Sch. Auſssaath Erbsen, davon 1 Korn zur Saath und 3 Korn zur Nutzung à 30 gr. der Scheffel,	
480 -	— -	von 40 Kühe Pacht à 12 Gulden	
133 -	6 -	oder 199 Mk. 16 gr. Gelttzins	an Zinſs und Pfluggetreyde von 36 besetzten Scharwerkshuben in Eſszergallen und Grutteln.
30 -	— -	von 36 Sch. Gerst à 25 gr.	
54 -	— -	von 1 Last 48 Sch. Haber à 15 gr.	
54 -	— -	von 18 Stück Flax à 3 Gulden	
36 -	— -	von 18 Stück Hanpf à 2 Gulden	
4 -	24 -	von 72 Stück Hünner à 2 gr.	
		Der Bierschank kann nicht gerechnet werden, weil das Getreyde alles zu Gelde geschlagen ist.	
		15 Gulden hat die Fischerei gebracht; und ob selbige künftig hin gleich etwaſs mehr bringen könnte, würde die Anschaffung eines Wintergarns doch auch ein Vieles kosten.	
266 -	20 -	oder 400 Mk. könnten aufs allerhöchste von 20000 Mauersteine, wenn selbige der Ziegler jährlich brennen würde, gerechnet werden,	
139 -	6 -	könnte die Nutzung der Schäfferei aufs höchste gerechnet werden, weil jetzo bey selbige wie voraus schon berichtet vorhanden: 35 St. alte und junge Schöpse, 139 - alte und junge Schaafe; 174 St. Von jedes à 24 gr. Pacht oder Nutzung durch die Bank gerechnet.	
3384 Gulden	21 gr.	des gantzen Ertrages.	

Folget der Abgangh und die Unkosten von vorher spezifizierten Ertragh.

450 Gulden	— gr.	Kontribution	Der Verwalters jährliches Lohn und Gehalt.
90 -	— -	Gelttlohn	
1 -	20 -	1 Sch. Weytzen	
20 -	— -	20 - Korn	
1 -	20 -	2 - Gerst	
1 -	— -	2 - Haber	
3 -	— -	3 - Erbsen	
26 -	20 -	4 Tonnen Bier	
9 -	— -	ein gemästet Schwein	
4 -	— -	2 Viertel Rindfleisch	
1 -	10 -	2/8 Saltz	
2 -	10 -	1/2 Stück Talg	
6 -	— -	2 St. Flax	
6 -	20 -	1/8 Putter	
2 -	— -	3 Schock Käse	
2 -	15 -	1 Schöpsen	
627 Gulden	25 gr.	zum Übertrag.	

Gulden	gr.		
627 Gulden	25 gr.	Übertrag.	
29 Gulden	10 gr.	Gelttlohn	Des Kämmers jährliches Lohn und Gehalt.
3 -	— -	2 paar Schuh	
4 -	— -	1 paar Stiefel	
20 -	— -	20 Scheffel Korn	
1 -	20 -	2 - Gerst	
1 -	15 -	3 - Haber	
1 -	15 -	1½ - Erbsen	
8 -	— -	1 Schwein aus der Mast	
2 -	— -	1 Märtzschaaf	
6 -	20 -	1 Tonne Bier	
1 -	10 -	²/₈ Saltz	
40 -	— -	oder 60 Mk. Gelttlohn. 3 Hoffleuthe zu Friedrichsfeld, Gautecken und Illm à 20 Mk. jeder	
13 -	15 -	9 paar Schuh	Gedachte 3 Hoffleuthe zur Aufsspeisung, jedem auf sich, sein Weib, 1 Knecht, 1 Magd und 1 Jungen.
120 -	— -	2 Last Korn	
7 -	15 -	9 Sch. Gerst	
4 -	15 -	9 - Haber	
9 -	— -	9 - Erbsen	
2 -	— -	³/₈ Saltz	
30 -	— -	6 Stoppelschwein	
15 -	— -	30 Sch. Haber selbe zu Mästen	
30 -	— -	Geltlohn	3 Hoffknechte zusammen.
9 -	— -	Weifszeugh	
26 -	20 -	Gelttlohn	4 Hoffmägde.
12 -	— -	4 St. Flax	
28 -	— -	4 Hoffjungens mit Kleider, Schuh und Weifszeug.	
8 -	— -	Gelttlohn	2 Gärtner zu Launicken.
20 -	— -	20. Sch. Korn	
2 -	15 -	3 - Gerst	
1 -	15 -	3 - Haber	
1 -	15 -	1½ - Erbsen	
2 -	10 -	1 Seite Speck	
1 -	10 -	1 Schmeer	
— -	20 -	1 Schock Käse	
— -	24 -	2 Stof Putter	
1 -	6 -	12 - Saltz	
4 -	— -	Gelttlohn	Der Hirt zu Launicken.
10 -	— -	10 Sch. Korn	
1 -	7½ -	1½ - Gerst	
— -	22½ -	1½ - Haber	
— -	22½ -	¾ - Erbsen	
1 -	5 -	½ Seite Speck	
— -	20 -	½ Schmeer	
— -	22 -	1 Stof Putter und ½ Schock Käse	
— -	18 -	6 - Saltz.	
159 -	10 -	Gehalt und Deputat von 4 Gärtnern zu Gautecken 2 zu Friedrichsfeld und 2 zu Illm	
4 -	— -	Gelttlohn	Der Hirt zu Gautecken.
8 -	— -	8 Sch. Korn	
— -	25 -	1 - Gerst	
— -	15 -	1 - Haber	
— -	15 -	½ - Erbsen	
1 -	5 -	½ Seite Speck	
— -	20 -	½ Schmeer	
— -	10 -	½ Schock Käse	
— -	12 -	1 Stof Putter	
— -	18 -	6 - Saltz	
1290 Gulden	2½ gr.	zum Übertrag.	

1290 Gulden	2½ gr.	Übertrag.	
19 -	27½ -	Gehalt und Gelttlohn des Hirt zu Friedrichsfelde.	
17 -	— -	Gehalt und Gelttlohn des Hirt zu Ilm.	
13 -	— -	Gelttlohn	ist des Schäffers jetziges Gehalt.
19 -	15 -	19½ Sch. Korn	
2 -	21 -	3¼ - Gerst	
1 -	19 -	3¼ - Haber	
1 -	19 -	1 Sch. 2½ M. Erbsen	
1 -	10 -	2/8 Saltz	
3 -	10 -	½ Tonne Bier	
4 -	— -	ein Stoppelschwein	
40 -	— -	Geltt	Kostet der Ziegler wegen streichens und Brennens 20 000 Ziegel ohne die Anschaffung Holtzes und Lohnes.
8 -	— -	8 Sch. Korn	
1 -	7½ -	1½ - Gerst	
— -	22½ -	1½ - Haber	
1 -	15 -	1½ - Erbsen	
2 -	10 -	1 Seit Speck	
1 -	10 -	1 Schmeer	
1 -	18 -	4 Stof Putter	
2 -	20 -	4 Schock Käse	
— -	20 -	1/8 Saltz	
6 -	20 -	1 Tonne Bier	
4 -	— -	Gelttlohn	Den zwey Kerln, so dem Ziegler zu Hülfe gehalten werden.
8 -	— -	8 Sch. Korn	
— -	25 -	1 - Gerst	
— -	15 -	1 - Haber	
1 -	— -	1 - Erbsen	
— -	18 -	6 Stof Saltz	
— -	20 -	1 Schock Käse	
— -	28 -	¼ Seit Speck und ¼ Schmeer	
40 -	— -	Zu Anschaffung Eysens und unterhaltung der Wagen, Egden und anderen Zeuges in die Höffe daſs Jahr über.	
10 -	— -	Gelttlohn	ist des Waldhütters Gehalt daſs jahr über.
10 -	— -	10 Sch. Korn	
— -	25 -	1 - Gerst	
— -	15 -	1 - Haber	
1 -	— -	1 - Erbsen	
2 -	10 -	1 Seit Speck	
— -	20 -	½ Schmeer	
— -	18 -	6 Stof Saltz	
16 -	— -	16 Sch. Korn	zur Speisung 1 Magd und eines jungens im Hoffe Launicken.
— -	25 -	1 - Gerst	
— -	15 -	1 - Haber	
1 -	— -	1 - Erbsen	
— -	20 -	1/8 Saltz	
4 -	— -	1 Stoppelschweinchen	
4 -	— -	Geltt	bekombt der Scharfrichter jährlich.
2 -	— -	2 Sch. Korn	
1 -	20 -	2 - Gerst	
1 -	— -	2 - Haber	
5 -	10 -	1 Tonne Saltz zur Schäfferei.	
9 -	6 -	Wird jährlich an Dezem von der Gnädigen Herrschaft gezahlet.	
26 -	20 -	Lohn	Ist des Brauers jährliches Lohn und gehalt.
14 -	— -	14 Sch. Korn	
2 -	15 -	3 - Gerst	
3 -	15 -	7 - Haber	
1 -	15 -	1½ - Erbsen	
1617 Gulden	12 gr.	zum Übertrag.	

1617	Gulden	12 gr.	Übertrag.	
5	-	— -	1 Stoppelschwein	
2	-	— -	1 Schaaf	
—	-	24 -	2 Stof Putter	
2	-	— -	3 Schock Käse	
1	-	24 -	18 Stof Saltz	Ist des Brauers jährliches Lohn
6	-	20 -	1 Tonne Bier	und gehalt.
1	-	15 -	1/2 Stück Flax	
1	-	— -	1/4 Fisch	
3	-	— -	2 paar Schuh	
2	-	12 -	6 Ellen Haufstuch	
1643	Gulden	17 gr.	insgesambt an Unkosten.	

3384	Gulden	21 gr.	ist der Ertragh und
1643	-	17 -	sind die Unkosten so abgehen.
1741	Gulden	4 gr.	bleibt die Nutzung.

Contrakt für den Schaarwerksbauer Gottfried Horn in Schneiderin vom 1. April 1788.

§ 1. Es übernimmt Gottfried Horn ein Schaarwerkserbe von Ein und Einer halben Hube Land mit dem herrschaftlichen Inventario, so ihm solches übergeben und hinten im Contrakt aufgeführet ist auf drey nacheinanderfolgende Jahr, nehmlich vom 1ten April 1788 bis dahin 1791 und zahlet dafür an jährliche Abgaben:

a) An jährlichem Zins	24	Gulden	— gr.	— ₰
b) Flachsgeld	4	-	— -	— -
c) Gänsegeld	1	-	— -	— -
d) Allodials Zins	—	-	22 -	9 -
e) Sekretarien Gehalt	—	-	9 -	— -
Summa aller jährlichen Abgaben	30	Gulden	1 gr.	9 ₰

Schreibe dreyſsig Gulden 1½ gr., welche er jedes Jahr ohnerinnert zwischen Michaeli und Martini an den Hoff ohne den geringsten Rückstand bezahlen muſs. Den Generalhubenschoſs, Kirchendezem, Calende und was sonsten die Abgaben der Kirchen und Schulen anbetrifft muſs er besonders ohne die geringste Weigrung thun, auch leistet Gottfried Horn noch über dem alle allgemein-landesherrliche Abgaben, alle Graudenzsche Vestungsabgaben und sie mögen sonsten Nahmen haben wie sie wollen ohne die geringste Ausrede.

§ 2. An scharwerk gehet Horn vom 1ten April bis zum 1ten Oktober jedes Jahres wöchentlich 2 Tage mit Hand und Spanndiensten oder wozu er bestellet wird täglich mit zwey Personen bey seinem eigenen Eſsen und Trinken und wenn noch keine Weide im Frühjahr bey seinem Futter ohnentgeltlich und stellet sich mit Sonnenaufgang ein und arbeitet bis Sonnenuntergang treu und fleiſsig ohnunterbrochen nachdem ihm Mittags Zeit zum Eſsen und Weidung des Angespanns nach Proportion der Länge und Kürze der Tage gegeben wird, auch schicket selbiger gute Arbeiter und Angespann und vorzüglich gute Egden bey welchen die gehörige Zahl von Zinken und selbige gehörig durchgeschlagen und zum Glattegden tauglich sind und auch gute Wagen zum Mistfahren und muſs selbiger nicht denken das Schaarwerk nur obenhin zu verrichten, sondern sich hierbey treu und fleiſsig und gehorsam zu verhalten, gegen seine Herrschaft oder etwaige Aufseher nicht halsstarrig betragen, sonsten er sehr hard bestrafet werden soll und als ein Aufwiegler betrachtet werden.

§ 3. Im Winter gehet er monatlich einen Tag mit Hand und Spanndiensten und wie im Sommer bey seinem eigenen Eſsen und Trinken ohnentgeldlich.

§ 4. Außer seinem Schaarwerk ist selbiger noch schuldig alle Jahr eine Reise nach Königsberg oder zwei nach Wehlau zu thun und 15 Scheffel Winter oder 20 Sommergetreide zu fahren auch alle Jahr zu Ostern oder Pfingsten 30 Stück Eyer in den Hof zu liefern wie auch 1 Gulden vor 3 Stück Capaunen.

§ 5. Und da dies Jahr Eigentumsherrschaft die bisherigen Holzfuhren der Schneiderinschen Bauern aufhob, als ist Gottfried Horn vor diese Holzfuhren schuldig 1 Reise nach Königsberg mit 15 Scheffel Winter- oder 20 Sch. Sommergetreide und eine Reise nach Wehlau mit ebensoviel oder vor die eine Reise nach Wehlau mit noch einem zusammen zu spannen und nach Königsberg zu fahren. Doch stehet der Gutsherrschaft frey sich diese beyden Reisen zu Hause mit Scharwerk abgehen oder sich mit 6 Gulden bezahlen zu lassen.

§ 6. Seine Gebäude ist Horn schuldig in Dach und Fach und baulichem Zustand zu erhalten und alle Jahr einen Baumgang neu decken und das übrige Dach zu verstopfen und zwar den Baumgang zu 20 Fuſs gerechnet, die Zäune alle in gutem Stande zu erhalten, wozu er das nötige Zaun-, Bau- und Brückenholz aus herrschaftlichen Wäldern ohnentgeldlich bekommt, doch muſs er alles Stück vor Stück nachweisen und sich nicht gelüſsten lassen auch nur ein Stück aus dem Walde zu hauen und sich gegen den Waldhüter nicht brutal betragen.

§ 7. Auch ist Gottfried Horn schuldig alle Hoff und Burgdienste auſser seinem gewöhnlichen Scharwerk zu verrichten als Dämmen, Brücken, Steinbrücken, Bauholzfuhren und sie mögen sonsten Nahmen haben wie sie wollen und dies ohne Weigrung.

§ 8. Da das ganze Dorf schuldig ein Achtel Holz dem Herrn Richter nach Allenburg zu fahren, so muſs Horn das Seinige sobald das Dorfgericht befiehlt verrichten.

§ 9. Wenn etwa bey dem Horn Hochzeiten, Kindtaufen oder sonstige Begebenheiten vorfallen muſs er kein fremdes Getränke haben oder selbst brauen bei 5 Th. Strafe für jeden Stof, wovon die Hälfte, der es angiebt bekommen soll, sondern muſs selbiger entweder aus dem Hofe oder dem Schneiderinschen Kruge nehmen.

§ 10. Wenn dereinst Horn abziehet muſs selbiger nicht das geringste Stroh oder Heu aus dem Dorfe oder vom Erbe wegbringen, damit dem Erbe nicht der Dünger entzogen und geschwächt werde bei 4 Th. Strafe pro Schock Stroh und 2 Th. pro Zentner Heu.

§ 11. Schlieſslich entsagen beyde interessierende Teile aller in diesem Kontrakt zu machenden Einwendungen der Arglist, Betruges anders verabredeter als verschriebener Sache, Verlezzung über und unter der Hälfte und sie mögen sonsten Nahmen haben wie sie wollen und verspricht Gottfried Horn Treue, Fleiſs und Gehorsam sowohl gegen die Gutsherrschaft als den Schultzen und Dorfgericht, sich mit aller Bescheidenheit zu betragen und sich so zu führen und auf die Erhaltung des herrschaftlichen Inventario zu sehen. Zu dem Ende ist dem Horn dieser Kontrakt samt dem angehängten Inventario deutlich vorgelesen in Gegenwart des Dorfgerichts und hat sich dieser eigenhändig unterzeichnet. So geschehen Gräfl. Mauen, den 1. April 1788.

Rehberg. Amtmann.

An Inventarien hat Gottfried Horn erhalten:

An Aussaat:

An Weytzen	6	Sch.
Korn	12	-
Gerste	4	-
Erbsen	2	-
Bohnen	1	-
Haber	18	-

An Schweine, Schaafe und Federvieh.

4 Stück Schweine 4 - Schaafe 5 alte Gänse, worunter 1 Ganter 4 Stück Hühner und 1 Hahn	alles in gutem Stande und ohne Taxe.

An Pferden:

1 Wallach	8 Th.
1 3jähriger Hengst	7 -
1 braune Stute	8 -
1 3jährige Stute	7 -
	30 Th.

An Vieh:

1 Ochse	9 Th.
1 dito	8 -
1 gute Kuh	6 -
	23 Th.

An Acker und Wirtschaftsgerät.

1) ein guter großer Wagen,
2) ein Holzschlitten,
3) 2 Egden mit eisernen Zinken und Haaken in gutem Stande,
4) Eine Zoche mit allem Zubehör,
5) Ein Spaten,
6) Eine Mistforke,
7) Eine Heugabel,
8) Eine Holzaxt,
9) Eine ganz neue Sense,
10) Eine Hexellade mit Meßer u. Ring,
11) Zwei paar Siehlen mit beschlagenen Bracken.

FSC
www.fsc.org
MIX
Papier | Fördert
gute Waldnutzung
FSC® C083411

Kolibri 360 GmbH
Ferdinand-Jühlke-Straße 7
99095 Erfurt, Deutschland
produktsicherheit@kolibri360.de

Druck:
CPI Druckdienstleistungen GmbH
im Auftrag der
Kolibri 360 GmbH
Ferdinand-Jühlke-Str. 7
99095 Erfurt